Die wichtigsten B2B-Marktplätze in Deutschland

Eine vergleichende Darstellung

von

Thilo Mann

Tectum Verlag
Marburg 2002

Die Deutsche Bibliothek - CIP-Einheitsaufnahme

Mann, Thilo:
Die wichtigsten B2B-Marktplätze in Deutschland.
Eine vergleichende Darstellung.
/ von Thilo Mann
- Marburg : Tectum Verlag, 2002
ISBN 3-8288-8423-7

© Tectum Verlag

Tectum Verlag
Marburg 2002

INHALTSVERZEICHNIS

ABBILDUNGSVERZEICHNIS

ABKÜRZUNGSVERZEICHNIS

ASP............................ Application Service Providing

B2B............................ Business-to-Business

B2C............................ Business-to-Consumer

BCG............................ Boston Consulting Group

EDI............................ Electronic Data Interchange

ERP............................ Enterprise Ressource Planning

HTML............................ Hypertext Markup Language

KMU............................ Kleine und mittlere Unternehmen

RFQ............................ Request-For-Quotation

MRO............................ Maintenance, Repair, Operating

PDM............................ Product Data Management

SMS............................ Short Message Service

SSL............................ Secure Socket Layer

TK............................ Telekommunikation

USP............................ Unique Selling Proposition

WAP............................ Wireless Application Protocol

XML............................ Extended Markup Language

1. EINFÜHRUNG IN DIE THEMENSTELLUNG

In den letzten Jahren wird in den Medien immer häufiger über „Elektronische Marktplätze" berichtet. Doch was verbirgt sich hinter diesem Begriff? Nenninger und Lawrenz definieren diese als „... vom Marktbetreiber organisierte, virtuelle Handelsräume über das Internet."[1] Dabei „...unterstützen und koordinieren sie die Markttransaktion während aller Handelsphasen."[2] Folglich organisieren Business-to-Business-Marktplätze (B2B-Marktplätze) den elektronischen Handel zwischen Unternehmen. Forrester Research untersuchte bei 50 amerikanischen Unternehmen deren Ziele bei der Marktplatznutzung. Demzufolge erhoffen sich die Teilnehmer vor allem eine erhöhte Effizienz, Senkung der Produktkosten, höheres Informationsniveau und eine Senkung der Fehlkäufe.[3]

Seit dem Jahr 2000 steigt die Zahl der B2B-Marktplätze trotz des hohen Verdrängungswettbewerbes stetig an. Zählte das Marktforschungsinstitut Berlecon Research im Herbst 1999 nur 34 Internetmarktplätze in Deutschland, waren es im Sommer 2000 schon 133 und im Frühjahr 2001 sogar 183.[4]

Die Boston Consulting Group (BCG) prognostiziert für das Jahr 2003 alleine für Deutschland ein exponentielles Wachstum des Handelsvolumens auf über 100 Milliarden EURO. Dabei wird sich die Anzahl der Marktplätze stark verringern. Schon jetzt befinden sich einige Branchen in einer Konsolidierungsphase.[5] Die Auslese würde demnach insbesondere durch das ‚Bedürfnis nach wenigen Marktplätzen mit einem breiten Leistungsspektrum und einem hohen Handelsvolumen' forciert.[6] So werden langfristig nur 50 bis 60 Marktplätze überleben wobei jeder ein Transaktionsvolumen von mindestens 20 Millionen EURO generieren

---

[1] Nenninger, M./ Lawrenz, O.: Von eProcurement zu eMarkets, S. 17.
[2] Nenninger, M./ Lawrenz, O.: Von eProcurement zu eMarkets, S. 17.
[3] Vgl. Forrester Research, zitiert nach o. V.: Konsolidierung, S. 29.
[4] Vgl. o. V.: Erfolg im E-Business, S. 30; o. V.: B2B-Marktplätze in Deutschland, S. 2.
[5] Vgl. o. V.: Konsolidierung, S. 29.
[6] Rasch, S. zitiert nach o. V.: Konsolidierung, S. 29.

mindestens 20 Millionen EURO generieren wird.[7] Es ist anzumerken, dass derzeit nur neun Prozent der deutschen Marktplätze profitabel arbeiten.[8]

Die vorliegende Ausarbeitung soll einen tieferen Einblick in das komplexe Thema „B2B-Marktplätze" vermitteln. Dabei gliedert sich die Arbeit in zwei Bereiche.

Für ein besseres Verständnis der nachfolgenden Studie werden im ersten Part Grundlagen über Funktionsweise, Eigenschaften und Ausprägungen von elektronischen Marktplätzen gegeben. Weiterhin werden wichtige Erfolgsfaktoren erläutert und Vor- und Nachteile von B2B-Marktplätzen aufgezählt.

Den eigentlichen Kern der Arbeit bildet der praktische Teil. Aufgabe war die vergleichende Darstellung der wichtigsten B2B-Marktplätze in Deutschland. Um die Grundgesamtheit einzugrenzen beschränkt sich die Studie hierbei auf 13 Branchen. Zu Beginn wird die Vorgehensweise, ein mehrstufiges Auswahlverfahren, dargelegt und jeweilige Ergebnisse aufgezeigt. Anschließend werden 24 für am wichtigsten befundenen B2B-Marktplätze in tabellarischer Form dargestellt und auf Auffälligkeiten bei den untersuchten Branchen kurz eingegangen.

---

[7] Vgl. o. V.: Konsolidierung, S. 29.
[8] Vgl. o. V.: Erfolg im E-Business, S. 30.

2. GRUNDLAGEN

2.1. Begriffliche Abgrenzung

Im folgenden sollen die verwendeten Grundbegriffe „Internet-Portal", „E-Procurement", „Internet-Marktplatz" und „Internet-Plattform" kurz erläutert werden.

2.1.1. Internet-Portale

Internet-Portale dienen der Darstellung und Bereitstellung von Informationen für Mitarbeiter von Unternehmen, deren Partner und Kunden. Je nach Inhalt unterscheidet man Daten-, Informations-, und Kollaborationsportale. Letztere haben die Verbesserung der Kommunikation, beispielsweise durch Chat-Rooms, zum Ziel.[9]

2.1.2. E-Procurement

E-Procurement bezeichnet kurz die elektronische Beschaffung.[10] Böhm und Felt definieren E-Procurement als „Internet-basierte Abbildung des Einkaufsprozesses von Produkten und Dienstleistungen zwischen bestellendem Unternehmen und Lieferanten."[11]

2.1.3. Internet-Marktplätze

Nach der Definition von Hewlett Packard übernehmen Internet-Marktplätze folgende Funktionen und Eigenschaften:

a) Ziel ist die Vermittlung von Angebot und Nachfrage zwischen mehreren Verkäufern auf der einen Seite und mehreren Käufern auf der anderen Seite (also ‚many-to-many' statt ‚one-to-one'). Erweiterte Funktionen der Marktplatzbetreiber sind u. a. Transaktions- und Auftragsmanagement, Rechnungsstellung und Abwicklung des Zahlungsverkehrs.

---

[9] Vgl. Spierling, D.: Babylon, S. 24 f.; Anm. des Verfassers: Bestes Beispiel für ein Portal: http://www.clickmall.de.
[10] Vgl. Nenninger, M./ Lawrenz, O.: Von eProcurement zu eMarkets, S. 2.
[11] Vgl. Böhm, A./ Felt, E.: E-Commerce kompakt, S. 63.

3

b) Das Zustandekommen von Handelsgeschäften zwischen Käufer und Verkäufer erfolgt über Kataloge, Ausschreibungen, Auktionen, oder Börsen (Abbildung 1).

c) Zusätzlich werden verschiedene Zusatzdienstleistungen wie Portalservice, Katalog-Management, Customer Relationship Management, oder Finanzierung abgeboten.[12]

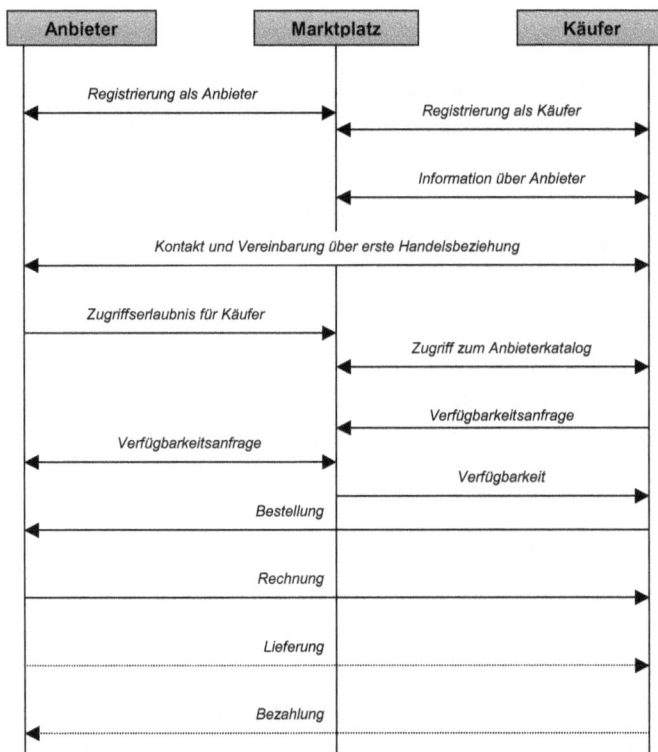

Anbieter	Marktplatz	Käufer

Registrierung als Anbieter

Registrierung als Käufer

Information über Anbieter

Kontakt und Vereinbarung über erste Handelsbeziehung

Zugriffserlaubnis für Käufer

Zugriff zum Anbieterkatalog

Verfügbarkeitsanfrage

Verfügbarkeitsanfrage

Verfügbarkeit

Bestellung

Rechnung

Lieferung

Bezahlung

Abbildung 1: Schematische Darstellung der Funktionsweise eines Marktplatzes bei Einbindung eines Anbieterkataloges (Quelle: Böhm, A./ Felt, E.: E-Commerce kompakt, S.17)

---

[12] Vgl. Spierling, D.: Babylon, S. 25 f.

4

Marktplätze unterscheiden sich dabei in ihrer Branchenausrichtung. Vertikale E-Markets handeln branchenspezifische Waren und Dienstleistungen, horizontale dagegen branchenübergreifende Güter und Dienstleistungen. Zudem differenziert man zwischen offenen, für prinzipiell jeden Nutzer zugänglichen und geschlossenen Marktplätzen. Generell können Teilnehmer sowohl Unternehmen als auch Endkunden sein.[13] Innerhalb der vorliegenden Ausarbeitung werden Marktplätze auch als „Plattformen", „E-Markets" (Elektronic-Markets) oder „Marketplaces" bezeichnet.

2.1.4. Plattformen

Der Sammelbegriff „Plattform" wird für die technische Infrastruktur von virtuellen Marktplätzen und elektronischen Einkaufsplattformen (auch „Shopping-Malls") verwendet.[14]

2.2. B2B-Marktplätze – Eigenschaften und Geschäftsmodelle

Nach Böhm und Felt dienen Geschäftmodelle der „Abwicklung des elektronischen Handels einschließlich einer Beschreibung des Waren-, Service- und Informationsflusses...".[15] Im folgenden sollen die wichtigsten Unterscheidungsmerkmale, die für das Verständnis der Studie erforderlich sind, näher erläutert werden.

2.2.1. Technische Voraussetzung

Elektronische Plattformen kommunizieren mit einer Vielzahl von Applikationen. Dazu gehören die Enterprise-Resource-Planning- (ERP) und E-Procurement-Systeme beschaffender Unternehmen sowie die Katalog- und ERP-Systeme der Lieferanten.[16]

---

[13] Vgl. Spierling, D.: Babylon, S. 25.
[14] Vgl. Spierling, D.: Babylon, S. 26.
[15] Böhm, A./ Felt, E.: E-Commerce kompakt, S. 63.
[16] Vgl. Simon, R.: Neue Wege in der Beschaffung, S. 16; Anm.: ERP-Systeme sind Softwarelösungen, die die betriebliche Abwicklung (z. B. für Warenwirtschaft oder Finanzbuchhaltung) unterstützen. Bekannte Standardsoftware wird u. a. von SAP (SAP/R3) oder Baan angeboten.

Nicht weniger wichtig sind Service-Applikationen von Drittanbietern, die z.B. Finanz- oder Logistikdienstleistungen offerieren. Damit alle Marktplatzteilnehmer Automationsvorteile, Prozesskostenoptimierung und Transaktionskosteneinsparungen generieren können, müssen verschiedene Prozessebenen, Katalogformen und Industriestandards miteinander vernetzt werden.[17]

Voraussetzung dafür sind einheitliche Standards für den Austausch von Daten und Transaktionen zwischen Käufer, Verkäufer und dem Marktplatz. Dabei setzt sich derzeit immer mehr die Metadatensprache XML (Extensible Markup Language) durch.[18] Sie stellt eine Erweiterung der Seitenbeschreibungssprache HTML (Hypertext Markup Language) dar. XML-Objekte erkennen selbständig, im Gegensatz zu HTML-Objekten, was sie inhaltlich darstellen, d. h. Inhalt und Formatierung werden getrennt. Dadurch werden keine Programme zum Dechiffrieren benötigt. Zudem ist XML betriebssystemunabhängig.[19]

Probleme ergeben sich dadurch, dass derzeit noch zu viele verschiedene XML-Dialekte, die den unternehmensübergreifenden Austausch von Daten behindern, existieren.[20] Zu den führenden Anbietern von Marktplatz-Lösungen gehören derzeit Ariba, Oracle, Commerce One und i2.[21]

2.2.2. Struktur und Aufbau der Teilnehmermodelle

Das Teilnehmermodell („Participant Model") umfasst alle beteiligten Institutionen einer Plattform, die, wie auch immer, an der Wertschöpfung eines Marktplatzes beteiligt sind. Das Teilnehmermodell wird von drei Faktoren beeinflusst:

- Der Beteiligungsstruktur
- Den „Market Makern"
- Der Branchenausrichtung[22]

---

[17] Vgl. Nenninger, M./ Lawrenz, O.: Von eProcurement zu eMarkets, S. 37.
[18] Vgl. Ramsdell, G.: The real business of B2B, S. 176 f., 179.
[19] Vgl. Simon, R.: Neue Wege in der Beschaffung, S. 16.
[20] Vgl. o. V.: XML, S. 30.
[21] Vgl. Nenninger, M./ Lawrenz, O.: Von eProcurement zu eMarkets, S. 37; Anm.: Einige Marktplatzbetreiber entwickeln auch eigene E-Commerce Lösungen.
[22] Vgl. Buchholz, W.: Netsourcing business models, S. 42.

2.2.2.1. Beteiligungsstruktur

Die Beteiligungsstruktur beschreibt das zahlenmäßige Verhältnis zwischen Käufern auf der einen und Verkäufern auf der anderen Seite.[23]

In der Regel unterscheidet man zwischen „Buyer-Driven", „Seller-Driven" und „Third-Party-Marketplaces" (Abbildung 2)[24]

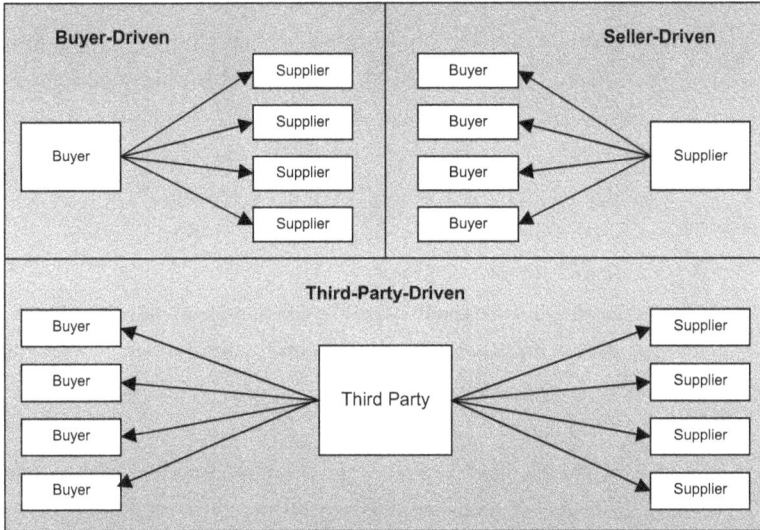

Abbildung 2: Marktplatztypen (Quelle: Weller, T. C.: BtoB eCommerce, S. 8)

2.2.2.1.1. Buyer-Driven-Marketplaces

Ist ein Marktplatz „Buyer-Driven" (Käufer-getrieben/ Käufer-orientiert), handelt es sich um ein oder wenige, meist große einkaufende Unternehmen auf der einen und mehreren Lieferanten auf der anderen Seite.[25] Aufgrund ihrer Marktmacht zwingen die Beschaffungsorganisationen die Lieferanten zur Einbringung ihrer Produkte in ihre E-Procurement oder Marktplatz-Systeme.[26] Angestrebt werden Kostensenkungen durch gerin-

---

[23] Vgl. Buchholz, W.: Netsourcing business models, S. 42.
[24] Vgl. Weller, T. C.: BtoB eCommerce, S. 8.
[25] Vgl. Weller, T. C.: BtoB eCommerce, S. 8; Schmitt, H.: Unternehmen sparen mit Marktplätzen im Internet viele Milliarden DM, in FAZ, 18.05.2000, S. 28, zitiert nach Buchholz, W.: Netsourcing business models, S. 42.
[26] Vgl. Nenninger, M./ Lawrenz, O.: Von E-Procurement zu eMarkets, S. 25.

7

gere Prozesskosten und günstigere Preise durch Kürzung der Zulieferermargen. Buyer-driven-Marketplaces eignen sich für Branchen, in denen die Verkäuferseite stark fragmentiert ist (z.B. Automobilbranche).[27]

2.2.2.1.2. Seller-Driven Marketplaces

Bei „Seller-Driven-Marketplaces" (Verkäufer-getriebene/ Verkäufer-orientierte Marktplätze) ist es genau umgekehrt. Wenige Lieferanten, im Extremfall ein Lieferant, bieten ihre Produkte an möglichst viele Käufer an.[28] Dies kann darin begründet sein, dass die Verkäuferseite Industriestandards setzen möchte, bevor diese von Kunden oder dem Wettbewerb initiiert werden. Seller-Driven-Marketplaces findet man häufig in oligopolistischen Branchen (z.B. im Automotive-Aftermarket-Bereich).[29]

2.2.2.1.3. Third-Party Marketplaces

Bei Marktplätzen, die von einer "Third-Party", also einem neutralen Dritten betrieben werden, treffen eine große Anzahl von Lieferanten auf eine große Anzahl von Einkäufern.[30]

Plattformen, die von neutralen Betreibern geführt werden, haben den Vorteil, dass sie sowohl Käufer als auch für Verkäufer gleichermaßen interessant sind. Neutrale Marktplätze haben besonders in stark fragmentierten Branchen, bei denen sowohl Lieferanten als auch Käufer stark zersplittert sind, ein hohes Erfolgspotenzial.[31]

2.2.2.1.4. Bilateraler-Online-Handel

Der Vollständigkeit wegen sollte der Bilaterale-Online-Handel erklärt werden, auch wenn er für die Studie selbst nicht von weiterer Bedeutung ist. Hierbei handelt es sich um eine „one-to-one-Beziehung" (1:1) zwischen Lieferant und Kunde über eine Ethernet-Verbindung. Mittels EDI (Electronic Data Interchange), ein Standard zum elektronischen Transfer von Daten, können Bestellungen oder Rechnungen ausgetauscht werden.

---

[27] Vgl. Butscher S. A. / Krohn F.: Internet Marktplätze, S. 3; Anm. des Verfassers: Beispiel http://www.zulieferer.bmw.com.
[28] Vgl. Weller, T. C.: BtoB eCommerce, S. 9; Buchholz, W.: Netsourcing business models, S. 43.
[29] Vgl. Nenninger, M./ Lawrenz, O.: Von eProcurement zu eMarkets, S. 25; Anm. des Verfassers: Beispiel http://www.teccom.sbs.de.
[30] Vgl. Weller, T. C.: BtoB eCommerce, S. 9; Buchholz, W.: Netsourcing business models, S. 43.
[31] Vgl. Butscher S. A. / Krohn F.: Internet Marktplätze, S. 3.

Bilateraler-Online-Handel mittels EDI besteht schon seit den späten sech-
ziger Jahren und ist eine Vorstufe moderner Plattformen. Dem sicheren
Datenaustausch stehen hohe Kosten gegenüber, die insbesondere kleine
und mittlere Unternehmen (KMU) von der Implementierung abhalten.[32]

2.2.2.2. Market Maker

Als „Market Maker" bezeichnet man Gründer bzw. Organisatoren eines
Marktplatzes. In der Anfangsphase der B2B-Aktivitäten waren dies zu-
meist von Risikokapitalgebern unterstützte Start-up-Firmen (dot.coms).
Mittlerweile übernehmen immer mehr die Unternehmen der „Old Econo-
my" („dot.corps") die Rolle der Market Maker. Erfolgversprechend erschei-
nen Kooperationen zwischen New- und Old-Economy, führenden IT-
Unternehmen und Beratungsfirmen, da alle Seiten von unterschiedlichen
Erfahrungen und Fertigkeiten profitieren.[33]

2.2.2.3. Branchenausrichtung

Bei der Branchenausrichtung unterscheidet man in der Regel zwischen
vertikalen und horizontalen Marktplätzen (Abbildung 3).[34]

2.2.2.3.1. Horizontale Marktplätze

Horizontale Marktplätze handeln branchenübergreifend mit einem breiten
Spektrum von Waren und Dienstleistungen.[35] Der Fokus liegt auf der Beschaffung von C-Artikeln, die auch als indirekte oder MRO-Güter (Englisch: Maintenance, Repair, Operating) bezeichnet werden. Dazu zählen -
mit Ausnahme von Investitionsgütern und spezifischen Produkten – alle
Waren und Dienstleistungen, die für den Betrieb eines Unternehmens
notwendig sind („Betriebsinputs").[36] Beispiele dafür sind Werkzeuge, Bü-
romaterial, Hygieneartikel oder Reisen.

---

[32] Vgl. o. V.: Zwischenbetriebliche Kooperationen, S. 32; auch Buchholz, W.: Netsourcing business
models, S. 42.
[33] Vgl. Buchholz, W.: Netsourcing business models, S. 43.
[34] Anm.: McKinsey unterscheidet zusätzlich noch funktionale Marktplätze für Dienstleistungen;
M. E. erscheint dies jedoch weniger sinnvoll, da auch Dienstleistung branchenspezifisch angeboten werden können; Vgl. Kerrigan, R./ Roegner, E. V./ Swinford, D. D.: B2B-Basics, S. 46.
[35] Vgl. Rüther, M./ Szegunis, J.: Einführung, S. 5.
[36] Vgl. Kaplan S./ Sawhney M.: E-Commerce-Marktplätze, S. 1; Honsel, G.: Geschäftsprozesse, S.
1; Anm. des Verfassers: Maintenance, Repair, Operating: englisch für Wartung, Reparatur, Betrieb.

Unternehmen erlangen durch den Einkauf auf horizontalen Marktplätzen enorme Einsparungen, da traditionell die Prozesskosten einer Bestellung den Wert eines Produktes bei weitem übersteigen.[37] Horizontale Marktplätze zeichnen sich durch eine große Nutzerbasis und hohe Cross-Selling-Potenziale aus und bieten Einkäufern ein Medium für „One-stop-shopping".[38] Darunter ist die gesamte Beschaffung von Waren und Dienstleistungen (z.b. Rahmenvertrag für Kugellager oder Bürobedarf) über einen Handelsplatz zu verstehen.[39]

Für den Betrieb einer branchenübergreifenden Plattform ist eine hohe Produktkenntnis sowie Erfahrung über den Beschaffungsprozess von Unternehmen erforderlich.[40] Differenzierungsmerkmale sind Preis und Angebotsvielfalt. Im Frühjahr 2001 zählte Berlecon Research 61 horizontale Marktplätze allein in Deutschland.[41] Für das Jahr 2004 prognostiziert Diebold das Geschäftsvolumen auf 40 Mrd. EURO.[42]

2.2.2.3.2. Vertikale Marktplätze

Vertikale Marktplätze konzentrieren sich auf den branchenspezifischen Handel von Waren und Dienstleistungen.[43] Meist handelt es sich dabei um direkte Güter, wie Rohstoffe und Komponenten, die entweder in einem Produkt oder im Herstellungsprozess verwendet werden („Produktionsinput).[44] Charakteristisch sind Kostensenkungspotenziale, der enge Kontakt zwischen den Geschäftspartnern oder der Community-Aufbau durch Zusatzdienste.[45] Das Angebot von Brancheninformationen stellt, abhängig von Quantität und Qualität, ein wichtiges Differenzierungsmerkmal dar.

---

[37] Vgl. Honsel, G.: Geschäftsprozesse, S. 1; Grosche, B./ Sander, J.: Neue Instrumente der Beschaffungsstrategie, S. 3.
[38] Vgl. Butscher S. A. / Krohn F.: Internet Marktplätze, S. 2; Rüther, M./ Szegunis, J.: Horizontale und vertikale B2B-E-Markets, S. 11.
[39] Vgl. Butscher S. A. / Krohn F.: Internet Marktplätze, S. 2.
[40] Vgl. Rüther, M./ Szegunis, J.: Horizontale und vertikale B2B-E-Markets, S. 11; Rüther, M./ Szegunis, J.: Einführung, S. 5.
[41] Vgl. o. V.: Erfolg im E-Business, S. 30.
[42] Vgl. Grosche, B./ Sander, J.: Neue Instrumente der Beschaffungsstrategie, S. 3.
[43] Vgl. Rüther, M./ Szegunis, J.: Einführung, S. 5; Anm. des Verfassers: z. B. Bau, Lebensmittel- oder Metallindustrie, Logistikmarktplätze.
[44] Vgl. Kaplan S./ Sawhney M.: E-Commerce-Marktplätze, S. 1.
[45] Vgl. Butscher S. A. / Krohn F.: Internet Marktplätze, S. 3; Rüther, M./ Szegunis, J.: Horizontale und vertikale B2B-E-Markets, S. 11.

Hohes Nutzenpotenzial bietet zudem die Einbindung der Funktionalitäten des E-Markets in die Supply Chain eines Unternehmens. Um Bedürfnissen der Marktteilnehmer gerecht zu werden, ist Branchenkenntnis für die Betreiber unerlässlich.[46] Im Frühjahr 2001 waren nach einer Studie von Berlecon Research 122 vertikale Marktplätze in Deutschland tätig.[47] Das Geschäftsvolumen wird für das Jahr 2004 auf 60 Mrd. EURO geschätzt.[48]

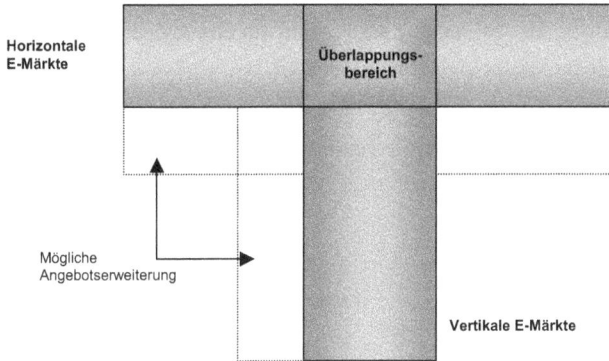

Abbildung 3: Ausprägung von Elektronischen Märkten
(Quelle: Rüther, M./ Szegunis, J.: Einführung, S. 6.)

2.2.3. Transaktionsmodelle – Methoden und Instrumente

Als Transaktionsmodelle („Transaction Model") bezeichnet man die verschiedenen Methoden und Instrumente, um Waren und Dienstleistungen elektronisch über das Internet zu handeln.[49]

Im wesentlichen unterscheidet man zwischen:

- Katalogen
- Schwarzen Brettern
- Börsen
- Auktionen

---

[46] Vgl. Rüther, M./ Szegunis, J.: Einführung, S. 5.
[47] Vgl. o. V.: Erfolg im E-Business, S. 30.
[48] Vgl. Grosche, B./ Sander, J.: Neue Instrumente der Beschaffungsstrategie, S. 3.
[49] Vgl. Buchholz, W.: Netsourcing business models, S. 45.

Die Transaktionsmodelle können auf einem Marktplatz sowohl gemischt als auch unabhängig voneinander existieren.[50]

Eine andere Möglichkeit der Differenzierung ergibt sich aus der Art der Preisbildung, die vom Verhältnis zwischen Käufer und Verkäufer abhängig ist, dem sog. Transaktionsmodus (Abbildung 4):

a) Bei vordefinierten Festpreisen (Katalogen) spricht man von statischer Preisbildung. Hierbei handelt es sich um ein one-to-one Geschäft zwischen einem Käufer und einem Verkäufer.

b) Sind mehrere Teilnehmer auf der Angebots- und/ oder Nachfrageseite, kommt es durch den Marktmechanismus zu dynamischer Preisbildung (Auktionen, Börsen).[51]

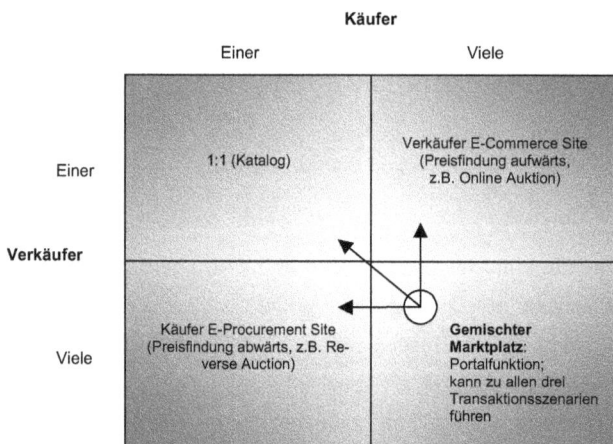

Abbildung 4: „Verhältnis von Käufern zu Verkäufern"
(Quelle: Butscher S. A. / Krohn F.: Internet Marktplätze, S. 4)

---

[50] Vgl. Rüther, M./ Szegunis, J.: Einführung, S. 7.
[51] Vgl. Butscher, S. A. / Krohn, F.: Internet Marktplätze, S. 3; Buchholz, W.: Netsourcing business models, S. 45.

2.2.3.1. Kataloge

Viele Marktplätze bieten Katalogdienste an, bei denen die angebotenen bzw. nachgefragten Produkte verschiedener Anbieter und Beschaffer in digitalisierter Form zusammengefasst werden. Man unterscheidet zwischen Lieferanten- und Einkäuferkatalogen.

Zum Teil können Lieferantenkataloge direkt in die ERP-Systeme der Einkäufer integriert werden. Diese können dann die Kataloge nach Produktkategorien durchsuchen und Preise vergleichen. Es ist jedoch anzumerken, dass Lieferanten ihre Kataloge oft in verschiedenen Dateiformaten anbieten müssen, damit alle potenziellen Einkäufer auf das Angebot zugreifen können.

Für Einkäufer bietet sich die Möglichkeit, Kataloge für ihren Bedarf in ihrem System zu implementieren. Lieferanten können die „Buy-Side Catalogues" nach benötigten Waren durchsuchen und anbieten.[52]

Katalogdienste führen zu einer erhöhten Markttransparenz, insbesondere wenn der Zugang für alle potenziellen Anbieter offen ist. Aufgeführte Waren sollten geringe Preisschwankungen haben. Beschaffer erzielen Kosteneinsparungen durch die Automatisierung des Bestellvorganges bei Anbindung an ERP-Systeme. Lieferanten reduzieren ihre Kosten durch die Auslagerung der Vertriebsprozesse auf den Marktplatz. Zudem profitieren beide Seiten von dem Wegfall des Zwischenhandels. Obwohl es sich bei Katalogdiensten um ein statisches Preismodell handelt, können die Einkaufskonditionen je nach Kunde variieren.[53]

2.2.3.2. Schwarze Bretter

Schwarze Bretter bieten Käufer und Verkäufern die Möglichkeit, ihre Ausschreibungen (Request-for-Quote - RFQ) und Angebote virtuell auszuhängen. Damit stellen Schwarze Bretter prinzipiell eine sehr einfache Form der Geschäftsanbahnung über das Internet dar.

---

[52] Vgl. Rüther, M./ Szegunis, J.: Einführung, S. 7 f.; Buchholz, W.: Netsourcing business models, S. 45 f.

[53] Vgl. Buchholz, W.: Netsourcing business models, S. 45 f.; Rüther, M./ Szegunis, J.: Einführung, S. 7 f.

Einziges Ziel ist das Zusammenführen von Lieferant und Kunde, die eigentliche Transaktion findet unabhängig von der elektronischen Plattform statt. Jeder Marktteilnehmer kann als Käufer und gleichzeitig als Verkäufer auftreten.

Die gehandelten Produktklassen sind i. d. R. nur schwer katalogisierbar.[54] Ausgeschriebene bzw. angebotene Waren und Dienstleistungen zeichnen sich durch ihre Komplexität aus.[55] Dazu gehören ein hoher technischer Erklärungsbedarf sowie umfangreiche, technische Kalkulationen. Der Vorteil Schwarzer Bretter liegt in erster Linie in der Transparenz und den niedrigen Abwicklungskosten. Nachteilig ist die fehlende Unterstützung des Preisfindungsprozesses. Deshalb folgen in der Praxis oftmals der ersten Ausschreibung zur Vorbereitung und Gewinnung eines Überblickes Auktionen zur endgültigen Preisfindung.[56]

2.2.3.3. Börsen

Börsen sind eine Weiterentwicklung von Schwarzen Brettern.[57] Nachfrager und Anbieter können ihre Anfragen bzw. Angebote platzieren, die dann von der Marktplatz-Software automatisch zugeordnet werden. Der ungefähre Marktpreis sollte dann in Echtzeit ermittelt werden können.[58] Die Geschäftspartner bleiben während und nach der Transaktion anonym, d.h. weder Lieferant noch Kunde kennen die Identität des anderen.

Die Aufgaben solcher Marktplätze bestehen im wesentlichen in der Vermittlung von Handelspartnern, wobei ihre Bonität im voraus durch den Betreiber geprüft wird. Weiterhin werden ein möglichst breites Produktspektrum sowie Auswertungs- und Analyseinstrumente bereitgestellt, mit denen die Transaktionspartner den weiteren Geschäftsverlauf online verfolgen können. Gehandelte Waren sind insbesondere schwerverkäufliche

---

[54] Vgl. Fricke, M.: Grundlagen, Architekturen und Geschäftsmodelle, S. 5; Rüther, M./ Szegunis, J.: Einführung, S. 7.

[55] Vgl. Mueller, W./ Windhaus, M.: Unternehmenseinkauf, S. 133; Anm.: Bespiele für gehandelte Produkte bzw. Dienstleistungen sind Bauprojekte oder Facility Management.

[56] Vgl. Fricke, M.: Grundlagen, Architekturen und Geschäftsmodelle, S. 5; Rüther, M./ Szegunis, J.: Einführung, S. 7.

[57] Vgl. Rüther, M./ Szegunis, J.: Einführung, S. 8.

[58] Vgl. Buchholz, W.: Netsourcing business models, S. 46.

Restmengen und Überkapazitäten.[59] Die Produkte sind oft homogen und bedürfen einer kurzfristigen Beschaffung.[60]

2.2.3.4. Auktionen

Bei Auktionen unterscheidet man zwischen Modellen, bei denen der Preis mit jedem Gebot steigt („Forward Auctions") oder sinkt („Reverse Auctions"). Die Gemeinsamkeit fast aller Auktionen besteht in einem vorher festgesetzten Zeitrahmen (30 Minuten bis mehrere Stunden), in dem die Teilnehmer ihre Gebote abgeben müssen. Dabei bleiben die Bieter selbst anonym, nur ihre Gebote sind für alle Teilnehmer sichtbar.[61]

Auktionierbare Waren weisen i. d. R. eine geringe Komplexität auf und haben nur einen geringen Erklärungsbedarf. Vorteilhaft sind Waren mit starken Preisschwankungen bei gleichzeitig hohem Einkaufsvolumen.[62] Vorteile liegen in der Preisfindung für den Beschaffer und der relativ einfachen Ermittlung der Marktpreise von Produkten für den Anbieter. Nachteile ergeben sich, wenn den versteigernden Waren keine ausreichende Spezifikation beigefügt ist, denn der Beschaffer hat bei einem Fehlkauf kein Rücktrittsrecht.[63]

Im folgenden werden die zwei Grundmodelle Forward und Reverse Auction kurz vorgestellt.

Forward Auctions werden auch als klassische oder englische Auktionen bezeichnet. Der Auktionator, bzw. der Verkäufer setzt ein Mindestgebot, die Mindestschritte der Steigerung und den Zeitraum fest. Letztendlich erhält der Bieter mit dem höchsten Gebot den Zuschlag.[64]

Hoher Beliebtheit erfreuen sich von Einkäufern initiierte Reverse Auctions, bei denen sich die Lieferanten gegenseitig unterbieten. Die ausgewählten

---

[59] Vgl. Rüther, M./ Szegunis, J.: Einführung, S. 8; Fricke, M.: Grundlagen, Architekturen und Geschäftsmodelle, S. 7.
[60] Vgl. Buchholz, W.: Netsourcing business models, S. 46.
[61] Vgl. Mueller, W./ Windhaus, M.: Unternehmenseinkauf, S. 131, 136.
[62] Vgl. Buchholz, W.: Netsourcing business models, S. 46; Anm. des Verfassers: Beispiel Strom.
[63] Vgl. Rüther, M./ Szegunis, J.: Einführung, S. 8 f.
[64] Vgl. Honsel, G.: Preisfindung.

Anbieter geben ihre Gebote ab, der Lieferant mit dem günstigsten Gebot erhält den Zuschlag. Neben Preisen für Güter können auch Preis-Leistungsverhältnisse oder Lieferzeiten verhandelt werden.[65]

2.2.3.5. Powerbuying

Hierbei bündeln mehrere Beschaffer ihre Nachfrage, um niedrigere Einkaufspreise zu erzielen. Powerbuying findet man vor allem auf B2C-Marktplätzen.[66]

2.2.4. Ertragsmodelle

Für B2B-Marktplätze bieten sich verschiedene Ertragsquellen. Dabei spielt die Preispolitik eine wichtige Rolle. Viele E-Markets „verschleudern" ihre Dienste - aus Angst, dass eine Gebührenpflicht für ihre Dienste eher zurückhaltende Lieferanten und Käufer von ihrem Marktplatz fernhält. Die Preispolitik sollte so ausgerichtet sein, dass man für angebotene Dienste auch angemessen vergütet wird. Bietet ein Marktplatz seine Leistungen nahezu unentgeltlich an, ist dies ein Zeichen mangelnden Vertrauens in die angebotenen Produkte und Dienste. Außerdem ist es schwierig, die günstigen Einstiegspreise später den erforderlichen Kosten anzupassen, wenn sich Kunden erst einmal daran gewöhnt haben.[67]

Nach McKinsey ist das Erheben von Gebühren für Dienstleistungen ein guter Selbsttest: „...if customers won´t pay, you are not adding distinctive value."[68]

2.2.4.1. Mitgliedsgebühren

Mitglieds- oder Subskriptionsgebühren können einmalig (Registrierungsgebühr) oder periodisch sowohl von Einkäufern als auch von Lieferanten

---

[65] Vgl. Mueller, W./ Windhaus, M.: Unternehmenseinkauf, S.131, 136 f.; Anm.: Innerhalb der Reverse Auction gibt es noch verschiedene Ausprägungen wie Bundle- oder Cherry-Picking-Auctions, bei denen zu beschaffende Positionen entweder aus einer Hand oder von mehreren Lieferanten bezogen werden (man kann sich also von jedem Lieferanten das beste bzw. günstigste aussuchen). Darauf soll aber nicht näher eingegangen werden.

[66] Vgl. Honsel, G.: Preisfindung.

[67] Vgl. Kerrigan, R./ Roegner, E. V./ Swinford, D. D.: B2B-Basics, S. 46 f.; Beispiel: Obwohl ein Marktplatz aus der Druckindustrie seine Bestellsoftware kostenlos angeboten hat, um Marktanteile auszuweiten, war die Nachfrage sehr gering. Erst als dafür relativ hohe Gebühren verlangt wurden, erkannten die Kunden den Wert des Produktes – die Nachfrage stieg gewaltig an.

[68] Kerrigan, R./ Roegner, E. V./ Swinford, D. D.: B2B-Basics, S. 47; Anm. des Verfassers: Eigene, freie, Übersetzung: „...wenn die Kunden nicht zahlen, dann fehlen werthaltige Dienstleistungen".

erhoben werden.[69] Als Berechnungsgrundlage kann man z.b. auf die Mitarbeiterzahl des Kunden, die Mitarbeiter, welche auf das System zurückgreifen, oder die Anzahl der Transaktionen innerhalb eines bestimmten Zeitraumes zurückgreifen.[70]

2.2.4.2. Transaktionsgebühren

Viele Marktplätze erheben Gebühren für anfallende Transaktionen. Diese werden hauptsächlich für Lieferanten, aber auch für Einkäufer oder sogar für beide fällig. In der Regel ist die Höhe der Gebühr vom Wert oder der Menge der gehandelten Ware abhängig und liegt zwischen einem und fünf Prozent. Normalerweise sinken die Provisionen mit steigendem Transaktionsvolumen bzw. -wert.[71] Eine andere Möglichkeit bilden transaktionsunabhängige Pauschalen.[72] Jedoch sollte immer die Teilnehmerseite Transaktionsgebühren zahlen, die das größte Interesse an der Marktplatznutzung zeigt und/ oder verhältnismäßig in der Überzahl ist. So wäre es falsch, Transaktiongebühren von Lieferanten zu erheben, wenn der Marktplatz nur ein geringes Waren- oder Dienstleistungsspektrum hat. Potenzielle Neueinsteiger würden dadurch abgeschreckt.

In Zukunft werden die Einnahmen aus Transaktionsgebühren zunehmend an Bedeutung verlieren, da die Basisfunktion eines Marktplatzes, das Handeln von Waren und Dienstleistung, immer mehr zur Massenware wird.[73]

2.2.4.3. Gain sharing

Hier erhält der Marktplatzbetreiber einen Anteil der Einsparungen, die Lieferanten und Käufer durch Nutzung des Marktplatzes erzielen.[74]

---

[69] Vgl. Rüther, M./ Szegunis, J.: Erfolgsfaktoren elektronischer B2B-Marktplätze S. 11.
[70] Vgl. Kerrigan, R./ Roegner, E. V./ Swinford, D. D.: B2B-Basics, S. 49.
[71] Vgl. Kerrigan, R./ Roegner, E. V./ Swinford, D. D.: B2B-Basics, S. 47.; Buchholz W.: Netsourcing business models, S. 47.
[72] Vgl. Rüther, M./ Szegunis, J.: Erfolgsfaktoren elektronischer B2B-Marktplätze S. 10.
[73] Vgl. Kerrigan, R./ Roegner, E. V./ Swinford, D. D.: B2B-Basics, S. 48; Anm. des Verfassers: M. E. könnte ein weiterer Nachteil von Transaktionsgebühren sein, dass Handelspartner nur bei ihrer ersten Transaktion über den Marktplatz gehen und eventuelle nachfolgende Geschäfte plattformunabhängig abwickeln. Folge: der Marktplatz hätte auf Dauer weniger aktive Teilnehmer.
[74] Vgl. Buchholz, W.: Netsourcing business models, S. 47.

2.2.4.4. Zusatzdienstleistungen

Die Vermarktung der Zusatzdienstleistungen wird immer wichtiger, da Einnahmen aus Transaktionsgebühren, Mitgliedsbeiträgen und Werbeeinnahmen nicht ausreichen. Als Ertragsquellen eignen sich u. a. Dienstleistungen wie Katalogpflege, Finanzierung, Logistik oder Beratung.[75] Auch durch den Verkauf von Marktplatzinformationen oder der Lizensierung der Marktplatztechnologie für andere Betreiber lassen sich Einnahmen erzielen.[76]

2.2.4.5. Werbeeinnahmen

Im Vergleich zu B2C-Marktplätzen spielen Werbeeinnahmen für B2B-Markets nur eine untergeordnete Rolle. Allerdings können Marktplätze, die ein hohes Community-Angebot haben, und so viele Interessenten locken, durchaus hohe Einnahmen durch Werbung generieren. Dagegen machen Werbeeinnahmen auf stark spezialisierten, E-Markets mit vergleichsweise wenigen Teilnehmern nur wenig Sinn.[77]

---

[75] Vgl. Rüther, M./ Szegunis, J.: Erfolgsfaktoren elektronischer B2B-Marktplätze S. 11; auch Buchholz, W.: Netsourcing business models, S. 47; Kerrigan, R./ Roegner, E. V./ Swinford, D. D.: B2B-Basics, S. 48.

[76] Vgl. Rüther, M./ Szegunis, J.: Erfolgsfaktoren elektronischer B2B-Marktplätze S. 11; auch Buchholz, W.: Netsourcing business models, S. 47.

[77] Vgl. Rüther, M./ Szegunis, J.: Erfolgsfaktoren elektronischer B2B-Marktplätze S. 11.

2.3. Erfolgsfaktoren für B2B-Marktplätze

Für den Erfolg eines Marktplatzes sind eine Reihe von Faktoren entscheidend, von denen die wichtigsten im folgenden vorgestellt werden.

2.3.1. Nutzen für die Teilnehmer

Das entscheidende Erfolgskriterium eines B2B-Marktplatzes ist laut A.T. Kearney der Zusatznutzen für die Teilnehmer.[78] Nach Ernst & Young stützen sich Konzeption und Aufbau eines gewinnbringenden, elektronischen Marktplatzes auf die Komponenten Commerce, Content, Community und Context („4C").[79]

2.3.1.1. *Commerce – Waren und Dienstleistungsangebot*

Commerce umfasst das Angebot von Waren und Dienstleistungen.[80] Dabei bilden Transaktionsdienste (also z.b. Auktionen oder Kataloge) den eigentlichen Kern eines Marktplatzes. Dazu zählt das Schaffen von Markttransparenz, eine Verbesserung der Beschaffungseffizienz, niedrigere Produktions- und Transportkosten und die Erweiterung von Absatz- und Beschaffungsmärkten.[81]

Jedoch sind Transaktionsdienste alleine keine ausreichende Garantie für den Erfolg.[82] Nur durch ein erweitertes, möglichst breites Angebot an werthaltigen Dienstleistungen („Value Added Services") kann sich ein Marktplatz erfolgreich gegen seine Wettbewerber behaupten.[83]

„Fulfillmentdienste" vereinfachen die Abwicklung von Aufträgen und gehören damit zu den wichtigsten Value Added Services. Darin enthalten sind Prozessvereinfachung, Logistikdienstleistungen, Verzollung, Versicherung und Abwicklung des Zahlungsverkehrs.[84]

---

[78] Vgl. Honsel, G.: Erfolgsfaktoren.
[79] Vgl. Lüninck, J., Frhr. v.: Elektronische Marktplätze, S. 3.
[80] Vgl. Lüninck, J., Frhr. v.: Elektronische Marktplätze, S. 3.
[81] Vgl. Spiller, D.: Service am Handelsplatz; Hämmerling, A.: E-Markets auf dem Prüfstand, S. 17.
[82] Vgl. Wörtler, M., Rasch, S.: Rennsaison, S. 23.
[83] Vgl. Butscher S. A. / Krohn F.: Internet Marktplätze, S. 5.
[84] Vgl. Spiller, D.: Service am Handelsplatz; Lawrenz, O/ Possekel, M./ Vidosevic, M.: eServices, S. 201 f.; o. V.: Marktplatzbetrieb, S. 1.

Der Wirtschafts- und Sozialausschuss der EU sieht in der Beratung eine besonders werthaltige Dienstleistung. Demnach sind gerade KMU auf diesen Service angewiesen, um Ihren Geschäftsverkehr dem E-Business anzupassen.[85] Auch Schön + Company hält Beratung für einen Erfolgsfaktor, insbesondere für vertikale Marktplätze. Neben anderen Instrumenten, wie kompetenter Führung, soll Beratung die Kundenbindung verstärken.[86]

Als Value Added Service gelten auch Finanzdienstleistungen, wie Bonitätsprüfungen oder Kreditvergabe. Weiterhin sollte die Unterstützung von Projekt- und Entwicklungsmanagement durch Bereitstellung von Workflowsystemen oder die funktionale Einbindung des Marktplatzes an ERP-Systeme von Unternehmen genannt werden. Auch Application Service Providing (ASP), also die Bereitstellung von EDV-Anwendungen für Dritte über das Internet, ist ein wertvolles Zusatzangebot.[87] Plattformen, die die zusätzliche Vernetzung von Unternehmen durch unternehmensübergreifende Projektmanagementtools unterstützen (sog. „Collaborative Commerce"), gewinnen immer mehr an Bedeutung.[88]

2.3.1.2. Content – Inhalt der Webseite

Inhalt und Informationsgehalt einer Webseite bezeichnet man als Content. Dieser sollte aktuell, umfangreich, leicht verständlich und optisch ansprechend dargestellt werden.[89]

Einer Studie des Fraunhoferinstitutes zufolge besteht bei Marktplatznutzern hohes Interesse nach branchenspezifischen Informationen. Diese sind gerade unter vertikalen Marktplätzen ein wichtiges Instrument zur Kundenbindung bzw. der Differenzierung von Wettbewerbern. Zu Content zählt man z.B. Nachrichten, Marktdaten, Jobbörsen und Terminkalender.[90]

---

[85] Vgl. o.V.: Beratungsbedarf, S. 29.
[86] Vgl. Hämmerling, A.: E-Markets auf dem Prüfstand, S. 17.
[87] Vgl. Rüther, M./ Szegunis, J.: Erfolgsfaktoren elektronischer B2B-Marktplätze, S. 7, 9 f.
[88] Vgl. Spiller, D.: Service am Handelsplatz; Wörtler, M./ Rasch, S.: Rennsaison, S. 23 f.
[89] Vgl. Lüninck, J., Frhr. v.: Elektronische Marktplätze, S. 3.
[90] Vgl. Rüther, M./ Szegunis, J.: Erfolgsfaktoren elektronischer B2B-Marktplätze, S. 9.

2.3.1.3. Community - Informationsaustausch

Communities, also Gemeinschaften, bilden sich dadurch, dass Marktplatzteilnehmer andere Nutzer mit gleichen Interessen finden. Man betrachtet also die Möglichkeit der direkten und indirekten Kommunikation. Mit Hilfe von Chat- und Diskussionsforen können Informationen z.b. über Waren und Dienstleistungen ausgetauscht werden. Marktplatzbetreiber erkennen die Bedürfnisse der User und können ihr Angebot darauf ausrichten.[91] Nach Spiller von Berlecon Research sind Dienste wie Diskussionsforen jedoch von geringerer Bedeutung.[92]

2.3.1.4. Context - Anwenderfreundlichkeit

Der Context betrachtet die Bedienerfreundlichkeit einer Webseite, ein Aspekt, den man aufgrund der möglichen Informationsüberlastung nicht außer Acht lassen darf. Ein logischer Aufbau der Webseiten ist notwendig, damit der Anwender die gesuchten Informationen schnell und einfach finden kann.[93]

2.3.2. Produkt- und Branchenauswahl

Wie erwartet hat sich gezeigt, dass Unternehmen, die den ersten E-Market einer Branche eröffnen, erhebliche Wettbewerbsvorteile durch den „First Mover Advantage" besitzen. Dennoch spielt die Auswahl der Branche eine wichtige Rolle, da es hier durchaus erhebliche Unterschiede in der Eignung für B2B-Marktplätze gibt.[94]

2.3.2.1. Produkteigenschaften

Die Eigenschaften von Produkten spielen für deren Handelbarkeit eine wichtige Rolle. Obwohl prinzipiell alle Produktsegmente über B2B-Marktplätze abgedeckt werden, ist die Handelbarkeit von Waren und Dienstleistungen verschieden.

---

[91] Vgl. Lüninck, J., Frhr. v.: Elektronische Marktplätze, S. 3.
[92] Vgl. Spiller, D.: Service am Handelsplatz.
[93] Vgl. Lüninck, J., Frhr. v.: Elektronische Marktplätze, S. 3.
[94] Vgl. Schmittzehe, T.: B2B-Platforms, S. 31; Fichtel, H.: Integra, S. 1.

- Unterscheidung nach Substanz: Immaterielle Güter wie Werbung und Telekommunikationskapazitäten sind besonders gut für den elektronischen Handel geeignet, da sie im Gegensatz zu materiellen Gütern keine eigentliche Auftragsabwicklung – wie Lagerung und Transport – benötigen.[95]

- Unterscheidung nach Erklärungsbedarf: Homogene Produkte lassen sich aufgrund ihrer Einfachheit sehr gut über elektronische Plattformen handeln.[96] Weniger geeignet sind heterogene Waren, wie Industriegüter, die einen hohen Erklärungsbedarf haben.

- Unterscheidung nach Zielmarkt: Marktplätze, die komplexe Güter wie Industrieausrüstung handeln, haben als Nischenanbieter eine vergleichsweise geringe Anzahl an Teilnehmern, die jedoch aus aller Welt stammen können. Hingegen gibt es Plattformen, deren gehandelte Produkte zwar eine geringere Komplexität und damit einen größeren Markt haben, jedoch nur regional abgesetzt werden. Fazit: Bei den gehandelten Produkten sollte es sich um eine Mischung aus mittlerer Komplexität und mittlerer Globalität handeln.[97]

2.3.2.2. Branchengröße

Die Größe einer Branche, gemessen am gesamten Umsatzvolumen, ist ein wichtiger Indikator für die Attraktivität von E-Markets. Zum Ersten können in großen Branchen mehr B2B-Marktplätze bestehen. Zweitens kann man schon mit geringem Marktanteil einen ausreichenden Ertrag generieren. Dagegen wird man in kleinen Branchen mit einem stärkeren Verdrängungswettbewerb konfrontiert. Deshalb muss die Plattform eine wesentlich höhere Penetration des Marktes erreichen.[98]

2.3.2.3. Grad der Fragmentierung

Marktplätze in fragmentierten Branchen schaffen aufgrund der lückenhaften Transparenz über Angebot und Nachfrage einen hohen Nutzen für die Marktteilnehmer. Der Grad der Fragmentierung wechselt dabei je nach

---

[95] Vgl. Rüther, M./ Szegunis, J.: Erfolgsfaktoren elektronischer B2B-Marktplätze S. 5 f.
[96] Vgl. Wörtler, M., Rasch, S.: Rennsaison, S. 19.
[97] Vgl. Honsel, G.: Erfolgsfaktoren.
[98] Vgl. Rüther, M./ Szegunis, J.: Erfolgsfaktoren elektronischer B2B-Marktplätze, S. 4.

Stufe der Supply-Chain. Dadurch sind auch Effizienzgewinne und Mehr-
wert-Dienstleistungsumsätze auf den verschiedenen Wertschöpfungsstufen (Produzenten, Distributeure, Weiterverarbeiter, Geschäftskunden)
durchaus unterschiedlich. Die Höhe der Transaktionskosten steigt mit Anzahl der Distributionsstufen. Optimieren die Betreiber auf jeder Stufe ihre
Gewinnmargen, so eignet sich die Branche durch Ausschaltung des Zwischenhandels für E-Markets. Grundsätzlich gilt: je ineffizienter und
intranzparenter eine Branche, desto höher ist der Mehrwert eines E-
Markets.[99]

2.3.2.4. Klare Abgrenzung des Nutzersegments

Laut Boston Consulting Group sollte das Nutzersegment klar definiert
werden. Dies gilt insbesondere für Branchen mit zahlreichen Unterseg-
menten. Der Verband deutscher Maschinen- und Anlagenbauer (VDMA)
unterscheidet in seiner Branche über 20 Subsegmente, von „Allgemeiner
Lufttechnik" bis zu „Werkzeugmaschinen und Fertigungssystemen". D.h.,
die Produkte und Leistungen sind – im Vergleich zu Energieversorgern
oder der Automobilindustrie – sehr heterogen. Problem: Anvisierte Nut-
zergruppen werden in zu breiten Clustern zusammengefasst. Folglich
kann der Zielmarkt schnell überschätzt werden.[100]

2.3.3. Branchen-Know-how

Marktplatzbetreiber sollten für eine systematische Zielgruppenansprache
ein umfassendes Branchen-Know-How durch langjährige Erfahrung haben.[101] Tiefgreifendes Wissen über den Planungs-, Entwicklungs- und
Handelsprozess einer Branche ist nötig, um die traditionelle Warenwirtschaft auf das Internet zu übertragen. Dies ist besonders wichtig, wenn es
sich um spezifische Primärgüter, wie Maschinen und Anlagen, handelt:
Ausschreibungen sind komplex und schon bei der Produktentwicklung findet eine enge Zusammenarbeit zwischen Nachfrager und Anbieter statt.

---

[99] Vgl. Wörtler, M., Rasch, S.: Rennsaison, S. 18 f.
[100] Vgl. Wörtler, M., Rasch, S.: Rennsaison, S. 17 f.
[101] Vgl. Butscher S. A. / Krohn F.: Internet Marktplätze S. 5; Forthmann, J.: Das große Sterben;
Hämmerling, A.: E-Markets auf dem Prüfstand, S. 17; Anm.: Demgegenüber stehen Marktplätze, die von Hochschulabsolventen ohne Branchenerfahrung und wertvolle Kontakte betrieben
werden.

Ohne spezifische Kenntnisse in solchen Branchen ist der Aufbau einer Handels- bzw. Kommunikationsplattform nur schwer möglich.[102]

2.3.4. Umsatzvolumen

Nach herrschender Meinung benötigen E-Markets ein möglichst hohes Umsatzvolumen, um Erfolg zu haben. Voraussetzung dafür ist, dass man eine kritische Masse an Teilnehmern mit entsprechender Menge und Qualität von Transaktionen an seinen Marktplatz bindet.[103] Eine Handels-Plattform muss schon in der Startphase Branchenführer auf Lieferanten- oder Käuferseite gewinnen, um einen Anreiz für kleine und mittelständische Unternehmen zu bieten.[104] Das Erreichen einer kritischen Masse gehört zu den auffälligsten „Erfolgstreibern" eines Marktplatzes mit hoher Multiplikatorwirkung für neue Teilnehmer. Ausreichende Liquidität bietet den größten Schutz vor neuen Wettbewerbern.[105]

Nach Berlecon Research ist allerdings das Erreichen einer kritischen Masse für vertikale Marktplätze die eine Nische besetzen von nachrangiger Bedeutung. Mit der richtigen Strategie können also auch Marktplätze mit wenigen Nutzern überleben.[106]

2.3.5. Partner und Investoren

Das Fehlen von nötigem Fachwissen, einem ausreichenden Kundenstamm oder werthaltigen Dienstleistungen kann man durch technologische oder strategische Partnerschaften ausgleichen.[107]

Nach einer Studie von Simon – Kucher & Partners ist bei einer Beteiligungsstruktur eine Mischung aus Top Venture-Capital Firmen neben strategischen Investoren (z.B. Atrada.pro) besonders vorteilhaft. Begründung: Die Marktplatzbetreiber können auf langjähriges Management Know-how, Kapitalressourcen und externe Beratung zurückgreifen.[108]

---

[102] Vgl. Hämmerling, A.: E-Markets auf dem Prüfstand, S. 17.
[103] Vgl. Ramsdell, G.: The real business of B2B, S. 177.
[104] Vgl. Fortmann, J.: Das große Sterben.
[105] Vgl. Honsel, G.: Erfolgsfaktoren; Butscher S. A. / Krohn F.: Internet Marktplätze S. 5.
[106] Vgl. o. V: Erfolg im E-Business, S. 30.
[107] Vgl. Fortmann, J: Das große Sterben; Schmittzehe, T.: B2B-Platforms, S. 31. Anm. des Verfassers: Es tritt also ein „Economies of Scope"-Effekt ein.
[108] Vgl. Butscher S. A. / Krohn F.: Internet Marktplätze S. 5.

2.3.6. Vertrauensbildung und Sicherheit

E-Marketplaces müssen vertrauenswürdig sein, da der elektronische Handel mit dem Transfer von internen Unternehmensdaten wie Einkaufskonditionen oder Vertragsbedingungen behaftet ist. [109]

Wichtigste Akzeptanzkriterien bilden dabei:

- Vertraulichkeit: Über das Internet gesendete Informationen dürfen nicht für Dritte lesbar sein.

- Authenzität: Gewährleistung, dass Kunden und Händler diejenigen sind, für die sie sich ausgeben.

- Integrität: Über das Internet versendete Informationen dürfen nicht manipulierbar sein

- Verbindlichkeit: Eindeutige Nachweisbarkeit der getätigten Kaufentscheidungen und Transaktionen.

Zur Erfüllung der Sicherheitsanforderungen werden i. d. R. kryptografische Verfahren angewandt. Diese schützen entweder den ganzen Kommunikationskanal oder auch nur die Einzeltransaktionen.[110] Mindeststandard und häufig angewendetes Verfahren ist dabei die sog. SSL-Verschlüsselung (Secure Socket Layer). Die verschlüsselte Verbindung ermöglicht eine Echtheitsbestätigung mit Zertifikaten zwischen Händler und Kunde sowie die Gewährleistung der Nachrichtenintegrität.[111]

In zunehmendem Maße versuchen Marktplätze durch sog. „Gütesiegel" das Vertrauen der Nutzer zu erzielen. Zertifikate – wie „Trusted Shops", „Geprüfter Online-Shop", oder „Webtrust" – werden nach sorgfältiger Prüfung z. B von Unternehmensberatungen, Versicherungen und Staatlichen Organisationen vergeben. Die Gütesiegel zertifizieren u.a. Sicherheit, Datenschutz, Verfügbarkeit, Integrität und Einhaltung der selbstauferlegten Geschäftsbedingungen. Möglichem Misstrauen der User hinsichtlich der Sicherheit eines Marktplatzes soll so begegnet werden. Problem: Die Vielzahl von Zertifikaten führt zu „Wertverlust". Die Marktplatzteilnehmer wis-

---

[109] Vgl. Nenninger, M,/ Lawrenz, O.: Von eProcurement zu eMarkets, S. 37.
[110] Vgl. Böhm, A./ Felt, E.: E-Commerce kompakt, S. 40 f.
[111] Vgl. o. V.: SSL; Böhm, A./ Felt, E.: E-Commerce kompakt, S. 43.

sen nicht, welchem Gütesiegel sie vertrauen können.[112] Anhang 1 zeigt Beispiele für bekannte Zertifikate.

Eine Besonderheit bietet das Gütesiegel der Firma Bonitrus (Anhang 1d). Hier können teilnehmende Unternehmen ihre Authenzität und Bonität zertifizieren und Mitarbeiter, die auf die Plattform Zugriff haben, registrieren lassen. So wird sichergestellt, das nur existierende, solvente Unternehmen an Transaktionen teilnehmen und der ausführende Mitarbeiter autorisiert ist. Die nun als „Bonitrus TrustedTrader" geltenden Nutzer werden von nun an bei jeder einzelnen Transaktion erneut verifiziert. Handelspartner erhalten weiterhin Informationen über Transaktionshistorie oder die Leistungsbeurteilung durch andere „TrustedTrader".[113]

2.4. Vor- und Nachteile von B2B-Marktplätzen

Im folgenden sollen Vor- und Nachteile kurz erläutert werden.

2.4.1. Vorteile

- E-Markets bieten Lieferanten und Abnehmern einen einfachen Zutritt zu globalen Märkten und schaffen gleichzeitig eine hohe Transparenz. Einkäufer finden selbst in stark fragmentierten Branchen Verkäufer, die die nachgefragten Güter anbieten. Gleichzeitig stoßen Lieferanten auf bisher unbekannte Interessenten, die zum Kauf ihrer Ware bereit sind.[114]

- Der Handel über das Internet eröffnet den Lieferanten völlig neuartige Vertriebswege und traditionelle Wertschöpfungsstufen wie Einzel- und Zwischenhandel werden z. T. vollständig übergangen. Gleichzeitig werden die Bestände entlang der Supply-Chain reduziert.[115] Zudem kann das Internet als neuer Marketing-Kanal genutzt werden.[116]

---

[112] Vgl. Kirch, W.: WebTrust Zertifizierungsprozess, S. 7, 14; Forthmann, J.: Gütesiegel, S.1.
[113] Vgl. o. V.: Bonitrus TrustVision.
[114] Vgl. Kerrigan, R./ Roegner, E. V./ Swinford, D. D.: B2B-Basics, S. 46.
[115] Vgl. Böhm, A./ Felt, E.: E-Commerce kompakt, S. 2; Rüther, M./ Szegunis, J.: Erfolgsfaktoren elektronischer B2B-Marktplätze, S. 13; Anm. des Verfassers: Dies kommt dem „Just-in-time-Prinzip" entgegen.
[116] Vgl. o. V.: Nutzenpotenziale.

- Lieferanten können Marketing- und Vertriebskosten senken.[117] Ist die notwendige IT-Infrastruktur erst einmal finanziert und eingerichtet, sind die anfallenden Kosten für neue Kunden nur marginal. Generieren diese auch noch hohe Umsatzzuwächse, kommt der "Economies of Scale-Effekt" voll zum tragen. Neu-geschlossene Partnerschaften mit anderen Unternehmen ermöglichen die Freisetzung von Verbundvorteilen („Economies of Scope"), es ergeben sich neue Umsatzpotenziale.[118]

- Die elektronische Beschaffung über das Internet eröffnet hohe Rationalisierungs- und Kostensenkungspotenziale gegenüber dem traditionellen Einkauf. Diese verteilen sich u. a. auf Lagerkosten (bis zu 25 Prozent) und Prozesskosten (bis zu 90 Prozent).[119] Auch die Produktkosten können um 10-20 Prozent gesenkt werden, da die erhöhte Markttransparenz die Lieferanten zu verstärktem Preiswettbewerb zwingt. Günstige Preise lassen sich insbesondere beim Aufkauf von Überschuss und Restbeständen erzielen.[120]

- Elektronischer Handel führt zu einer erhöhten Produktivität, Geschwindigkeit und Flexibilität – die technologische Marktplatzanbindung an ERP-Systeme führt i. d. R. zum Wegfall von Wertschöpfungsstufen (Disintermediation). Mitarbeiter werden weitgehend von Routinetätigkeiten entlastet. Der Ablauf von Transaktionen kann relativ einfach überwacht werden.[121]

- Additiv zu etablierten Waren- und Dienstleistungsangeboten lassen sich mit Hilfe von virtuellen Produkten (Information, Software oder Dienstleistung) neue Geschäftsfelder erschließen.[122]

- Geschäftspartnern bietet sich durch die Möglichkeit des Collaboration Commerce eine verbesserte Planung und Zusammenarbeit.[123]

- Lieferanten wie Beschaffer profitieren von Quantität und Qualität aktueller Informationen.[124]

---

[117] Vgl. Rüther, M./ Szegunis, J.: Erfolgsfaktoren elektronischer B2B-Marktplätze, S. 12.
[118] Vgl. Kluge, B./ Pohl, A.: Innovative Business- und Revenue-Modelle, S. 5.
[119] Vgl. Weiber, R.: Internet-Ökonomie, S. 31.
[120] Vgl. Kerrigan, R./ Roegner, E. V./ Swinford, D. D.: B2B-Basics, S. 46; Weiber, R.: Internet-Ökonomie, S. 31.
[121] Vgl. Weiber, R.: Internet-Ökonomie, S. 31.
[122] Vgl. Böhm, A./ Felt, E.: E-Commerce kompakt, S. 3.
[123] Vgl. Iksal, C./ Gassner, M.: Prognosen, Potenziale und Typen, S. 46.
[124] Vgl. o. V.: Nutzenpotenziale; Rüther, M./ Szegunis, J.: Erfolgsfaktoren elektronischer B2B-Marktplätze, S. 12.

- Letztlich verspricht der Handel über Markplätze teilnehmenden Unternehmen ein modernes und innovatives Image.[125]

2.4.2. Nachteile

Nachteile ergeben sich hauptsächlich für den Lieferanten:

- Durch die hohe Markttransparenz bei Standardprodukten ergibt sich für Lieferanten ein erhöhter Wettbewerbsdruck.

- Der Handel über Marktplätze schränkt den persönlichen Kundenkontakt ein.[126]

- Eigene, notwendige Vertriebswege werden möglicherweise verdrängt (Kannibalisierungseffekt).

- Die Prozessintegration in bestehende Warenwirtschaft- und Buchhaltungssystem erfordert einen hohen Aufwand.[127] Da die Bereitstellung und Datenpflege von Produktkatalogen mit sehr hohen Kosten verbunden ist, müssen Lieferanten sehr stark abwägen, für welche Kunden sich das Engagement lohnt.[128]

---

[125] Vgl. Böhm, A./ Felt, E.: E-Commerce kompakt, S. 3; Anm. des Verfassers: Betrachtet man sich die Entwicklung im B2B-Marktplatz-Bereich, ist ein positiver Imagegewinn m. E. derzeit fraglich.
[126] Vgl. o. V.: Nutzenpotenziale.
[127] Vgl. Böhm, A./ Felt, E.: E-Commerce kompakt, S. 2, 18.
[128] Vgl. Honsel, G.: Segmente.

3. B2B-MARKTPLÄTZE IN DEUTSCHLAND

3.1. Methodik

Die wichtigsten Marktplätze in Deutschland wurden in einem mehrstufigen Verfahren ausgewählt. In einer Endauswahl wurden als wichtig erachtete Plattformen bestimmt. Anhand dieser Methodik lassen sich Aussagen über wichtige Marktplätze treffen.

3.1.1. Ermittlung der Grundgesamtheit

Ausgangspunkt der Studie waren 242 als deutsche Marktplätze und Portale gelistete Namen bzw. Webadressen der Firma Berlecon Research.[129] Die Webadressen wurden einzeln geprüft und verschiedenen Branchen zugeordnet, wobei anzumerken ist, dass einige Plattformen mehrere Branchen abdecken.[130] Bei drei Plattformen war eine Zuordnung nicht möglich, da die Webadressen nicht mehr existent waren und auch keinerlei Hinweise auf die Branchenzugehörigkeit gefunden wurden.[131] Es ist anzunehmen, dass die Marktplätze bzw. Portale nicht mehr in Betrieb sind.

Im nächsten Schritt wurden folgende Branchen ausgewählt:

1. Allgemeine Beschaffung[132]
2. C-Artikel/ MRO
3. Automotive
4. Bau
5. Chemie
6. Elektronik/ Elektrik

---

[129] Vgl. o. V.: B2B-Marktplatzdatenbank (Stand: 16.07.2001.
[130] Anm. des Verfassers: Beispiel Newtron.de: Diese Plattform wurde der „Allgemeinen Beschaffung" zugeordnet. Newtron gliedert sich jedoch in drei einzelne Marktplätze für Automotive, C-Artikel/ MRO und Maschinen/ Anlagen.
[131] Anm. des Verfassers: Auch mit Hilfe von Suchmaschinen konnten diese Plattformen nicht gefunden werden (i-scraper, doubleTwist, indusale).
[132] Anm. des Verfassers: Allgemeine Beschaffung ist keine Branche, sondern bezeichnet den branchenübergreifenden Handel von direkten und indirekten Gütern.

7. IT/ Telekommunikation

8. Maschinen/ Anlagen

9. Metall

10. Logistik/ Transport

11. Energie

12. Land-/ Forstwirtschaft

13. Gesundheitswesen

Es wurden alle Branchen ausgewählt, die vergleichsweise viele Marktplätze aufweisen (z.b. Allgemeine Beschaffung, Bau oder Gesundheitswesen).

Darüber hinaus konzentriert sich die Untersuchung auf Branchen, deren Güter sich objektiv für den Handel eignen. (z.b. Chemie, Metall oder Energie).

Insgesamt wurde für die ausgewählten Plattformen eine Grundgesamtheit von 147 ermittelt.

3.1.2. Erstes Auswahlverfahren

In der ersten Stufe des Auswahlverfahrens wurde nach folgenden Kriterien sortiert:

1. Ist ein Internetzugang auf den Marktplatz bzw. die zugehörige Webseite vorhanden?

2. Handelt es sich um einen „echten" Marktplatz?
   Nicht betrachtet wurden Plattformen, auf denen nur ein Lieferant seine Waren anbietet, bzw. nur ein Einkäufer Waren nachfragt.

3. Ist die Plattform mindestens seit 1. Januar 2001 online?
   Bei jüngeren Marktplätzen wäre keine verwertbare Aussage möglich.

4. Haben die Betreiber der Plattform Sitz oder eine Niederlassung in Deutschland?

Grundsätzlich wurde bei allen Plattformen, auf denen die gesuchten Informationen (z.b. Onlinegang) nicht ersichtlich waren, telefonisch oder per Email nachgefragt.

3.1.3. Zweites Auswahlverfahren

Das zweite Auswahlverfahren setzt sich aus einer Internetrecherche und anschließender Befragung zusammen.

3.1.3.1. Selbstdarstellung der Marktplätze im Internet

Um ein Bild von den vorausgewählten Marktplätze zu bekommen, wurde deren Leistungsprofil (Commerce, Content, Community) und deren Beteiligung an strategischen oder technologischen Investoren bzw. Partnern untersucht. Begründung: Die Existenz bzw. Ausprägung der Merkmale wird auf nahe-zu allen Marktplätzen und zugehörigen Webseiten dargestellt. Somit bieten Leistungsprofil, Investoren und Partnerschaften eine einfache Vergleichsmöglichkeit. Wie oben schon ausführlich beschrieben, gibt es weitaus mehr Faktoren, die für den Erfolg eines Marktplatzes wichtig sind. Jedoch sind diese Informationen meist nicht veröffentlicht und nur schwer zugänglich. Die Ergebnisse der Internetrecherche wurden mit Punkten bewertet, wobei die Punktzahl mindestens zwei und maximal elf Punkte betragen konnte (Anhang 2).

3.1.3.2. Befragung

Die Internetrecherche alleine ermöglicht in der Regel keine sicheren Aussagen über die Wichtigkeit der Marktplätze, deshalb wurden alle Marktplatzbetreiber um Teilnahme an einer Befragung gebeten.

Hierzu wurde ein Fragebogen mit 15 offenen Fragen entworfen. Die Fragen sollten leicht verständlich sein und in kurzer Zeit beantwortet werden können. Ziel war es, ein möglichst genaues Bild der Marktplätze zu erhalten, um Rückschlüsse auf den Erfolg ziehen zu können (Anhang 3). Neben Fakten über den Marktplatz selbst wurden die Teilnehmer auch um ihre persönliche Meinung zur Vertrauensbildung auf Marktplätzen und deren wichtigste Voraussetzungen für das Überleben befragt.

Der Fragebogen konnte telefonisch oder schriftlich beantwortet werden. Für die Auswertung der Umfrage wurden Daten und Aussagen aufgelistet und in Cluster zusammengefasst.

3.2. Zwischenergebnisse

3.2.1. Erstes Auswahlverfahren

Von ursprünglich 147 Plattformen blieben in der ersten Auswahlrunde 69 übrig (Abbildung 5 und 6/Anhang 4). Dies entspricht einer Rate von 46,9 Prozent. Sieben Probanden (4,7%) antworteten nicht oder waren nicht zu erreichen. Sie schieden aufgrund fehlender Informationen aus.

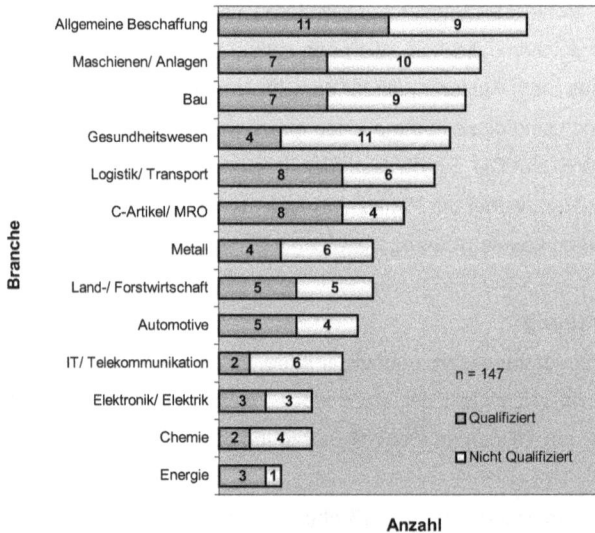

Abbildung 5: Qualifizierte und nicht qualifizierte Marktplätze nach Branchen

3.2.1.1. Kein Zugang

Bei insgesamt 16 Marktplätzen (10,8%) war kein Zugang über das Internet möglich (Anhang 4a). Davon waren fünf Webadressen durch Passwörter geschützt oder verwiesen lediglich auf eine Kontaktadresse.[133] Versuche, auf die verbliebenen elf Marktplätze zuzugreifen, blieben trotz mehrmaliger Anstrengung und unter Zuhilfenahme von Suchmaschinen erfolglos.[134]

3.2.1.2. Einstellung des Marktplatzbetriebes

Neun Marktplätze (6,1%) haben den Marktplatzbetrieb eingestellt. Überraschenderweise waren einige Testkandidaten –Beispiel Mercadium.de (Bau) - gleichzeitig noch immer Online präsent.

3.2.1.3. Keine „echten" Marktplätze

Von den untersuchten Marktplätzen erwiesen sich 15 (10,2%) entweder als Portal, einseitige Beschaffungslösung oder reine Lieferantenplattform (Anhang 4b). Sie schieden ebenfalls für die weiteren Untersuchungen aus.[135]

3.2.1.4. Keine Deutsche Niederlassung

Acht Marktplätze (5,4%) hatten weder ihre Zentrale, noch eine Niederlassung in Deutschland und wurden deshalb nicht weiter betrachtet.

3.2.1.5. Onlinegang nach Jahreswechsel

Während auf der einen Seite Marktplätze ihren Betrieb eingestellt haben, gingen in allen betrachteten Branchen mindestens 16 (10,8%) Plattformen im ersten Halbjahr online. Mindestens sieben Marktplätze (4,7%) befinden sich derzeit noch im Aufbau, davon vier (42,8%) aus dem Gesundheitswesen (Anhang 4c).[136]

---

[133] Anm. des Verfassers: Beispiele: industrialweb.com (Passwort) oder Bitways (Kontaktadresse).
[134] Anm. des Verfassers: M. E. kann man in diesen Fällen von der Einstellung des Marktplatzbetriebes ausgehen. Beispiel: maschinenboerse.de; clinicservice.de, metalnet.com (Stand. 01.10.2001).
[135] Anm. des Verfassers: Beispiele: clickmall.de, bmw.zulieferer.de., allago.de.
[136] Anm. des Verfassers: Derzeit im Aufbau z. B.: krankenhaus.de, steeldex.com, firstb2b.com, (Stand: 01.10.01).

3.2.1.6. Fehlende Informationen

Sieben Marktplätze (4,8%) konnten wegen fehlender Informationen nicht berücksichtigt werden.

Branche	Probanden	Kein Zugang	Betrieb eingestellt	Kein echter Marktplatz	Keine deutsche Niederlassung	nicht seit mind. 01.01.2001 online	Nicht genügend Informationen verfügbar	Qualifiziert (Anzahl)	Qualifiziert (Prozent)
Energie	4	0	0	0	0	1	0	3	75,0%
Chemie	6	0	0	2	0	1	1	2	33,3%
Elektronik, Elektrik	6	1	0	1	1	0	0	3	50,0%
IT/ Telekommunikation	9	2	0	1	3	0	0	3	33,3%
Automotive	9	1	0	1	1	0	1	5	55,6%
Land-/ Forstwirtschaft	10	1	1	0	0	3	0	5	50,0%
Metall	10	2	1	0	0	3	0	4	40,0%
C-Artikel/ MRO	11	0	0	4	0	0	0	7	63,6%
Logistik/ Transport	14	1	1	0	0	3	1	8	57,1%
Gesundheitswesen	15	2	3	1	0	4	1	4	26,7%
Bau	16	0	1	2	2	3	1	7	43,8%
Maschinen/ Anlagen	17	3	1	2	1	3	0	7	41,2%
Allg. Beschaffung	20	3	1	1	0	2	2	11	55,0%
SUMME	**N=147**	**16**	**9**	**15**	**8**	**23**	**7**	**69**	**46,9%**

Abbildung 6: Ergebnisse des ersten Auswahlverfahrens

3.2.2. Zweites Auswahlverfahren

3.2.2.1. Bewertung der Internetrecherche

Wie oben erwähnt sollte die Internetuntersuchung anhand genannter Faktoren eine Tendenz über die Qualität aufzeigen. Ein gutes Drittel (36,2%) der evaluierten Plattformen machte einen guten oder sehr guten Eindruck (acht bis elf Punkte). Ein weiteres Drittel (33,3%) bewegte sich im Mittelfeld (bis einschließlich fünf bis sieben Punkte). Das letzte Drittel (30,6%) konnte in Bezug auf Partner, Investoren und Leistungsprofil nur wenig vorweisen (Anhang 2).

3.2.2.2. Auswertung der Befragung

Insgesamt haben 36 Marktplätze geantwortet, das entspricht einer Beteiligung von 52,2%. Übrige verweigerten die Teilnahme aus betrieblichen

Gründen oder sendeten den Fragebogen – bei Verweigerung eines Telefoninterviews - nicht zurück (Abbildung 7).

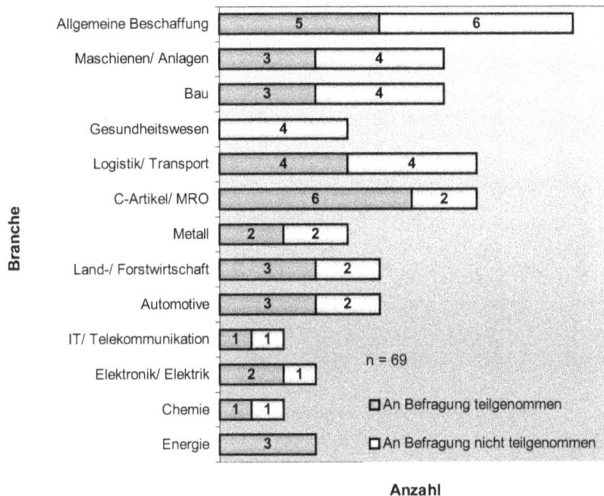

Abbildung 7: Anzahl der Teilnehmer, die an der Befragung teilgenommen haben (nach Branchen).

Die Gesprächspartner waren entweder in der Geschäftsführung oder im Marketing/ Public Relation tätig. Die Telefoninterviews dauerten zwischen 15 und 20 Minuten.

3.2.2.2.1. Marktplatzspezifische Fragen

Bezeichnend ist die Tatsache, dass über 61% der Marktplätze im Jahr 2000 eröffnet wurden (Abbildung 8).

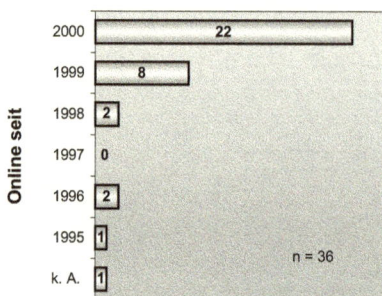

Abbildung 8: Onlinegang der befragten Marktplätze

Marktplätze werden zumeist von kleinen Unternehmen betrieben (Abbildung 9). 36,1% der Teilnehmer haben zwischen elf und 25 Mitarbeiter beschäftigt. Drei (8,3%) Unternehmen gaben an, ihren Marktplatz mit nur drei Mitarbeitern zu führen. Der Elektronikmarktplatz "Free Trade Zone" liegt mit 250 Beschäftigten an der Spitze, gefolgt von Chemconnect (140 Mitarbeiter).

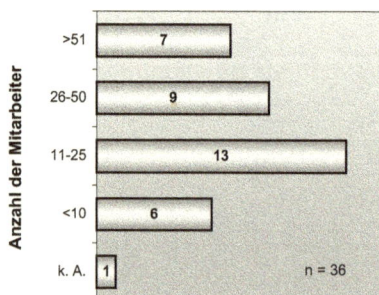

Abbildung 9: Unternehmensgröße anhand der Mitarbeiterzahl

Von den befragten E-Markets sind 18 (50,0%) horizontal, 17 (47,2%) vertikal ausgerichtet. Bei einem Teilnehmer (Newtron) gibt es beide Branchenausrichtungen. Dabei werden vier Marktplätze (11,1%) von der Käuferseite (Buyer-Driven), zwei (5,6%) von der Verkäuferseite (Seller-Driven) und 30 (83,3%) von neutralen Dritten (Third-Party) betrieben. Darüber hinaus gaben 17 (47,2%) Teilnehmer an, dass sich ihr Unternehmen neben dem Marktplatzbetrieb noch auf andere Geschäftsbereiche, wie z.b. Softwareentwicklung und -lizensierung, konzentriert. Bei nahezu allen Marktplätzen (86,1%) steht nach eigener Aussage der Handel bzw. die Nachfrage nach den Value Added Services im Vordergrund. Nur bei zwei teilnehmenden Marktplätzen für Agrarprodukte steht die Nachfrage nach Informationen im Vordergrund. Drei Marktplätze gaben über die von Nutzern meist nachgefragte Leistung keine Auskunft.

Von den Plattformen haben 21 (58,3%) internationale Marktteilnehmer, zehn (27,8%) arbeiten auf nationaler Ebene, fünf (13,8%) machten hierzu keine Angaben. Dabei reicht die Anzahl der registrierten Marktteilnehmer von 18 (Netstrom) bis hin zu weltweit 170.000 (Mondus). Mit exakt einem Drittel ist eine Häufung zwischen 1.000 und 5.000 Nutzern zu erkennen. Unerklärlich bleibt die Einbuchtung bei 5.000 bis 10.000 (Abbildung 10).

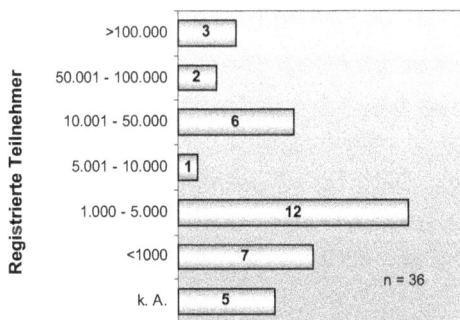

Abbildung 10: Anzahl registrierter Marktteilnehmer

Bezüglich der Unternehmensgröße der Marktplatznutzer kann man diese in sechs Cluster fassen, wobei man wiederum keine Auffälligkeiten nach Branchen feststellen kann (Abbildung 11). Zwei Befragte machten hierzu keine Angaben (k. A.).

Anzahl Marktplätze (n=36)	Prozentualer Anteil	Unternehmensgröße			k. A.
		Klein	Mittel	Groß	
1	2,7%	X			
3	8,3%		X		
4	11,1%			X	
6	16,7%	X	X		
8	22,2%	X	X	X	
12	33,3%		X	X	
2	5,6%				X

Abbildung 11: Unternehmensgrößen der Marktplatzteilnehmer

Das Verhältnis von Käufern zu Verkäufern kann man grob in drei Cluster fassen. Sechs Marktplätze (16,7%) werden von der Verkäuferseite dominiert. Bei der Hälfte der Plattformen (50%) überwiegen die Käufer. Nur bei drei E-Markets (8,3%) ist das Verhältnis zwischen Lieferanten und Beschaffern ausgeglichen. Neun Befragte (25,0%) konnten oder wollten hierzu keine Angaben machen. Auch bezüglich dieser Frage lassen sich keine Besonderheiten nach Branchen feststellen.

Die Frage nach dem generierten Transaktionsvolumens im 1. Halbjahr 2002 beantworteten nur elf Teilnehmer (30,5%). Das höchste Transaktionsvolumen hatte Chemconnect mit ca. 1,6 Milliarden Dollar, gefolgt von Free Trade Zone (425 Mio. Dollar), dem Webtradecenter (137 Mio. EURO) und EU-supply.com (100 Mio. EURO). Zum Vergleich: der Marktplatz mit dem niedrigsten Transaktionsvolumen handelte nur Waren im Wert von 135 Tsd. EURO.

Nur zehn Teilnehmer (27,8%) gaben Auskünfte über ihren Umsatz im 1. Halbjahr 2001. An der Spitze ist dabei der Energiemarktplatz LPX mit einem Umsatzvolumen von 160 Mio. EURO. Die zweithöchste Umsatzangabe machte ipsag.com mit 6,5 Mio. EURO.

13 Plattformen (36%) wollen spätestens Ende 2002 die Gewinnschwelle überschreiten, acht (22,2%) spätestens 2003 und drei (8,3%) spätestens 2004. Immerhin haben fünf Plattformen (13,8%) nach eigner Aussage die Gewinnschwelle schon erreicht. Sieben Teilnehmer (19,4%) wollten sich hierzu nicht äußern.

3.2.2.2.2. Allgemeine Fragen zu Marktplätzen

Die allgemeinen Fragen wurden von allen Teilnehmern beantwortet und geben jeweils die persönliche Meinung wieder. Es ist festzustellen, dass die im Literaturteil erläuterten Erfolgsfaktoren weitgehend bestätigt wurden.

Vertrauensbildende Faktoren

Den bedeutendsten Faktor zur Vertrauensbildung bildet nach Meinung der meisten Befragten der Kundendienst. In diesem Zusammenhang wurde häufig die persönliche Betreuung des Kunden durch Außendienstmitarbeiter und „one-to-one-Marketing" genannt. An zweiter Stelle folgt die zuverlässige und reibungslose Abwicklung der Transaktionen. Datensicherheit und deren Verschlüsselung folgt überraschenderweise erst auf Rang drei.

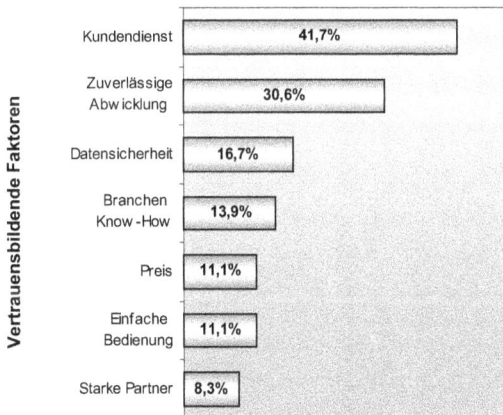

Abbildung 12: Vertrauensbildende Faktoren

Existenzrelevante Faktoren

Ein Drittel der Befragten sieht in zusätzlichen Dienstleistungen (z.b. Beratung) die wichtigste Voraussetzung für einen E-Market, um in Zukunft zu „überleben". Ebenfalls ein Drittel der Befragten nannte ausreichende finanzielle Mittel, um über die lange Durststrecke bis zum Erreichen der Gewinnzone bestehen zu können. An zweiter Stelle stehen Branchen-Know-How und starke Partner bzw. Investoren.

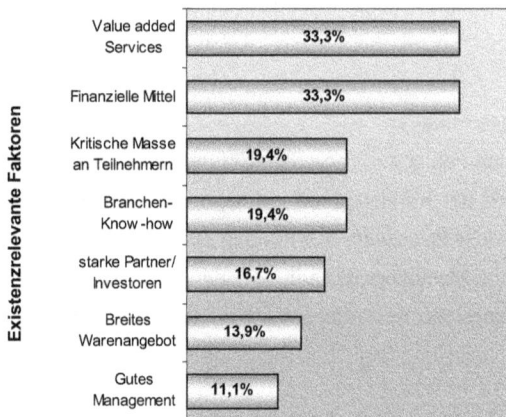

Abbildung 13: Existenzrelevante Faktoren

3.3. Die wichtigsten B2B-Marktplätze

Die Ergebnisse der Befragung wurden mit der ersten Einschätzung aus der Internetrecherche verglichen. Wenn genügend Informationen zu einer aussagekräftigen Beurteilung zur Verfügung standen, wurden auch Marktplätze, die bei der Befragung nicht geantwortet haben, in der vorliegenden Studie berücksichtigt.

Fast alle Plattformen, die in der Internetrecherche mit einer hohen Punktzahl bewertet wurden, haben auch bereitwillig an der Befragung teilgenommen und die positive Einschätzung des Verfassers untermauert. Marktplätze wie Serveline, Mondus oder Energy & More verbesserten ihren Eindruck durch die Teilnahme an der Befragung und qualifizierten sich so für eine ausführliche Darstellung. In der Regel bestätigte jedoch die Umfrage den Eindruck der evaluierten Plattformen.

Letztendlich ist darauf hinzuweisen, dass die Gründe für eine Auswahl von Marktplatz zu Marktplatz und in Abhängigkeit der Branche variieren. So ist z. B ein geringeres Leistungsprofil von untergeordneter Bedeutung, wenn hohe Transaktionsvolumina generiert oder der Break-Even-Point schon überschritten wurde.

Die Informationen über die folgenden 24 dargestellten Marktplätze wurden den zugehörigen Webseiten entnommen und/ oder stammen aus den Antworten der Befragung. Die Unique Selling Proposition (USP) gibt die Meinung der Marktplatzbetreiber oder deren Mitarbeiter wieder. Eine Kurzübersicht der dargestellten Marktplätze ist in Anhang 5 aufgeführt.

3.3.1. Atradapro.de

Branchenzuordnung:	Allgemeine Beschaffung

Internetadresse: http://www.atradapro.de

Branchenausrichtung: Horizontal

Beteiligungsstruktur: Third-Party (neutral)

Betreiber: Atrada Networking AG

Sonstige Aktivitäten:
- atrada.de (B2C-Marktplatz)
- Atrada Products (ASP- Lösung)
- Atrada Technologies (individuelle Handelsplattformen)

Sitz: Nürnberg

Geschäftsstellen: -

Mitarbeiter: 15

Online seit: März 2000

Investoren: -

Partner: Primus Auktion, Microsoft, German Parcel, Deutsche Post, Norisbank, HUK24, Lycos, eVita, u. a.

Gehandelte Produkte:
- IT- und Telekommunikationsprodukte
- Reisen
- Immobilien

- Restbestände, Sonderposten
- C-Artikel/ MRO
- Schulungen
- ...

Leistungsprofil:

Commerce:

Transaktionsmodell(e)

- Ausschreibungen
- Auktionen (klassisch/ Reverse Auctions)
- Festpreis-Angebote
- Powerbuying

Value Added Services

- Personalisierte Atrada-Seiten ("My Atrada Pro")
- Trading Manager: Software zur Anbindung an Warenwirtschaftssysteme und Datenverwaltung
- Logistikdienstleistungen
- Authentifizierung von Anbietern und Käufern
- Teilnehmerbewertung
- Treuhandkonto
- Ausschreibungsagent (informiert Anbieter über zutreffende Ausschreibungen
- Kundendienst
- Newsletter
- Suchfunktion

Content:

- Presse
- News
- Veranstaltungskalender

Community:

- Chat

Sprache(n):   Deutsch, englisch

Weiterentwicklung: Derzeit keine Erweiterungen geplant

Markplatzteilnehmer:
- Kleine und mittlere Unternehmen aus der BRD
- Anzahl Käufer: 100.000
- Anzahl Verkäufer: 5.000

Referenzkunden: Keine Angaben

Ertragsmodell(e):   Transaktionsgebühren für Anbieter

Transaktionsvolumen: 1. Halbjahr 2001

                            17 Mio. EURO/ 21.000 Transaktionen

Umsatz: Keine Angaben

Break-Even-Point: Erwartet in 2003

Sonstiges: -

Interview: ja

3.3.2. Quibiq.de

Branchenzuordnung:	Allgemeine Beschaffung
Internetadresse:	http://www.quibiq.de
Branchenausrichtung:	Horizontal
Beteiligungsstruktur:	Third-Party (neutral)
Betreiber:	Quibiq.de Internet-Handels-Plattform GmbH
Sonstige Aktivitäten:	-
Sitz:	Stuttgart
Niederlassungen:	-
Mitarbeiter:	25
Online seit:	Juni 2000
Investoren:	BW-Bank, Cap Gemini Ernst & Young Consulting, Heiler Software AG, Siemens
Partner:	Konradin Verlag, Fachverband Büro- und Computertechnik Baden Württemberg, Zentrum für Europäische Wirtschaftsforschung, e-pro solutions GmbH
Gehandelte Produkte:	3,6 Mio. Artikel MRO bzw. C-Artikel

- Reisen
- Bücher

- Werkzeuge und Maschinen
- Sprach-, Internet- und Datendienste
- Strom

Leistungsprofil:

Commerce:

Transaktionsmodell(e)

- Ausschreibungen
- Kataloge
  - öffentlich – Preise sichtbar
  - privat (Rahmenbedingungen abgelegt, Preise anonymisiert)

Value Added Services

- ERP Integration
- E-Commerce Service Providing
- Content Management[137]
- Beratung
- Finanzierung (Factoring/ Leasing)
- Intelligente Suchmaschine mit Warengruppen-Eingrenzung
- Festlegung eines verfügbaren Budgetrahmens für die Mitarbeiter der einkaufenden Unternehmen
- Service Center
- Newsletter

Content:

- Presse
- Veranstaltungskalender
- Stellenangebote
- Glossar

Community: -

---

[137] Anm.: Als Content Management bezeichnet man die „Erstellung, Bearbeitung, Administration, Publikation und Archivierung von Content" (z. B. für Webserver); Böhm, A./ Felt, E.: E-Commerce kompakt, S. 61.

Sprache(n):   deutsch

Weiterentwicklung: ▪ zukünftig mehr Ausschreibungen

                            ▪ Akquisition von Factoring Partner

Markplatzteilnehmer: Unternehmen mit mind. 150 Mio. EURO Umsatz/
                            Jahr

Referenzkunden: u.a. Birkel, Heiler Software, BW Bank AG, Becht-
                            le Direkt GmbH u.v.m.

Ertragsmodell(e):   Keine Angaben

Transaktionsvolumen: 2. Halbjahr 2000
                            1,3 Mio. EURO/ 10.000 Transaktionen

Umsatz: 2. Halbjahr 2000
                            1,3 Mio EURO

                            1. Halbjahr 2001
                            1,55 Mio EURO

                            Prognose für 2001
                            >3 Mio. EURO

Break-Even-Point: Erwartet für Ende 2002

Sonstiges: ▪ Forrester Research bewertete quibiq.de als
                              besten deutschsprachigen, horizontalen
                              Marktplatz
                            ▪ Projekt- und Prozessberatung sind die am
                              meisten nachgefragte Leistung

Interview: ja

3.3.3. Newtron

Branchenzuordnung:	Allgemeine Beschaffung (Sonderfall: Zusammenfassung von drei einzelne Marktplätze)

Internetadresse: http://www.newtron.de

Branchenausrichtung: Newtron Automotive: vertikal
Newtron Componet: horizontal
Newtron MRO: horizontal

Beteiligungsstruktur: Third-Party (neutral)

Betreiber: Newtron AG

Sonstige Aktivitäten: -

Sitz: Frankfurt am Main

Niederlassungen: Dresden, Österreich, Singapur, Indien

Mitarbeiter: 90

Online seit: Newtron Automotive: Dezember 2000
Newtron Componet: Anfang 2000
Newtron MRO: Anfang 2000

Investoren: -

Partner: u.a. CaContent, Commerzbank, Surplex, Schenker AG, TÜV Anlagentechnik, Diebold, Roland Berger, Triaton

Gehandelte Produkte: Newtron Automotive

Komponenten der Zuliefererindustrie

Newtron Componet

Komponenten für die Bereiche:

- Maschinen/ Anlagenbau
- Elektronik/ Elektrik
- Mess- und Regeltechnik
- Ingenieurdienstleistungen

Newtron MRO

C-Artikel und Dienste/ Roh- Hilfs- und Betrieb-
stoffe

Leistungsprofil:

Commerce: Transaktionsmodell(e)

- Ausschreibungen
- Auktionen (Reverse Auctions)
- Börsen

Value Added Services

- Softwarelösungen
  - Vertrieb von Marktplatzlösungen
  - Vertrieb von Beschaffungslösungen
- ERP-, EDI- und PDM- Integration[138]
- Managed Application Service Providing
- Beratung (Prozess-/ Beschaffungsanalyse
  und -optimierung
- Schulungen
- Lieferantenintegrationsdienste
- Content Management
- Newsletter

---

[138] Anm. des Verfassers: PDM = Product Data Management System; Vgl. www.newtron.de.

Content:	▪ Brancheninformationen
	▪ Links zu anderen Marktplätzen (Surplex, Clickplastics und Compubizz) sowie zur Schenker AG
	▪ Pressearchiv
	▪ Veranstaltungskalender
	▪ Newtron Media Center
	▪ ...
Community:	-
Sprache(n):	Deutsch, englisch, spanisch, französisch
Weiterentwicklung:	▪ Kontinuierliches Wachstum aller Funktionalitäten, u.a. Möglichkeit für Bewertung von Lieferanten
Markplatzteilnehmer:	▪ Newtron Automotive: 3.000 Lieferanten
	▪ Newtron Componet: 15.000 Lieferanten für 300 Einkäufer (Unternehmen ab 100 Mio. EURO Umsatz)
	▪ Newtron MRO: 3.000 Lieferanten
Referenzkunden:	Buderus, Johnson Controls International, Verteidigungsministerium Singapor etc.
Ertragsmodell(e):	Registrierungsgebühr
	Lieferanten: 50 EURO
	Mitgliedsgebühr
	Einkäufer/ Lieferanten je 250 EURO/ Jahr

Transaktionsvolumen: Zeitraum 01.01.01 – 01.08.01

- Newtron Automotive: 786 Transaktionen
- Newtron Componet: 2.380 Transaktionen
- Newtron MRO: 1.514 Transaktionen

Umsatz: Keine Angaben

Break-Even-Point: Keine Angaben

Sonstiges: USP

- Detailgenaue Beschaffung
- Hohe Liquidität
- Service-Center (One-to-one-Marketing/ Education)

Interview: ja

3.3.4. Emaro

Branchenzuordnung:	C-Artikel/ MRO
Internetadresse:	http://www.emaro.de
Branchenausrichtung:	Horizontal
Beteiligungsstruktur:	Third-Party (neutral)
Betreiber:	Emaro AG
Sonstige Aktivitäten:	-
Sitz:	Walldorf
Niederlassungen:	-
Mitarbeiter:	50
Online seit:	Juli 2000
Investoren:	Joint Venture der Deutschen Bank und SAP
Partner:	Conrad Elektronics, Dell, Bechtle direkt, Fujitsu Siemens u. a.
Gehandelte Produkte:	Produkte Bürobedarf und –möbel, IT-Software und –Hardware, Telekommunikation, Industrieartikel

Dienstleistungen

IT, Consulting, Schulungen, Fulfillmentpartner, sonstige

Leistungsprofil:

Commerce: Transaktionsmodell(e)

Kataloge

Value Added Services

- Einkaufsmodul von SAP für ERP-Anbindung
  - Lokales B2B-Procurement Modul
  - Hosted B2B-Procurement Modul (für Unternehmen, die über kein eigenes Beschaffungssystem verfügen)
- Katalogmanagement
  - Verschiedene Suchfunktionen
  - Möglichkeit zum Produktvergleich
- Prozess- und Implementierungsberatung
- Monitoring des Bestellvorganges (von der Bestellung bis zu Auslieferung)
- Lieferantenmanagement
- Suchfunktion
- Newsletter

Content:
- Veranstaltungskalender
- Presse
- Lexikon
- Demo
- Branchennachrichten
- Stellenangebote

Community: -

Sprache(n): Deutsch, englisch (Kataloge mehrsprachig)

Weiterentwicklung: Einführung von Travel-Management

Markplatzteilnehmer: ▪ Mittelständische und große Unternehmen ab einem Einkaufsvolumen von 0,25 Mio. EURO/ Jahr
▪ Anzahl Käufer: 30.000
▪ Anzahl Verkäufer: 70

Referenzkunden: Keine Angaben

Ertragsmodell(e):   Keine Angaben

Transaktionsvolumen: 1. Halbjahr 2001
mind. 60 Mio. EURO/ 18.000 Transaktionen

Umsatz: Keine Angaben

Break-Even-Point: Erwartet für Ende 2002/ Anfang 2003

Sonstiges: -

Interview: ja

3.3.5. IPS

Branchenzuordnung:	C-Artikel/ MRO
Internetadresse:	http://www.ipsag.com
Branchenausrichtung:	Horizontal
Beteiligungsstruktur:	Third-Party (neutral)
Betreiber:	IPS GmbH
Sonstige Aktivitäten:	-
Sitz:	Lohmar
Niederlassungen:	Zahlreiche Vertretungen in ganz Deutschland
Mitarbeiter:	70
Online seit:	1996
Investoren:	-
Partner:	Global Exchange Services, mySAP.com, quibiq.de
Gehandelte Produkte:	Über 3,5 Mio. Artikel

- Antriebs- und Montagetechnik
- Arbeitssicherheit
- Büro- und Computerzubehör
- Betriebshygiene
- Chemie- und Laborbedarf

- Elektrotechnik und Elektronik
- Verpackungsmittel
- Werkzeuge und Betriebsausstattung

Leistungsprofil:

Commerce:

Transaktionsmodell(e)

Kataloge

Value Added Services

- Katalogmanagement
- Lieferantenbewertung
- Beschaffungsmarketing
- Lieferterminkontrolle
- Workshops
- Beratung
- Feasibility, z.B.
  - Prozessablaufanalyse
  - Projektorganisation
- Systemimplementierung an ERP-Schnittstelle
  - Schulungen
  - Technischer Support
- Application Service Providing
- Newsletter
- ...

Content:

- Veranstaltungskalender
- Presse
- Stellenangebote

Community:

-

Sprache(n):

deutsch

Weiterentwicklung:	▪ Logistikdienstleistung
	▪ Angebot von B-Materialien
Markplatzteilnehmer:	▪ Teilnehmer aus BRD (insbesondere NRW), Österreich und Schweiz.
	▪ Käufer mit einem Mindestbedarf an C-Artikeln von 500.000 EURO (= 500 MA)
	▪ Anzahl Käufer: 2.500
	▪ Anzahl Lieferanten: 140
Referenzteilnehmer:	Lieferanten
	z.b. Bosch, Conrad, UVEX
	Käufer
	z.b. BP Amoco, Lindt, Elf, AOL Europe
Ertragsmodell(e):	Keine Angaben
Transaktionsvolumen:	1. Halbjahr 2001
	6,5 Mio. EURO/ 24.000 Transaktionen
Umsatz:	Jahresumsatz 2000
	8,5 Mio. EURO
	1. Halbjahr 2001
	6 Mio. EURO
	Prognose für 2001
	12 Mio. EURO
Break-Even-Point:	Erwartet für 2003
Sonstiges:	▪ Gewinner „Deutscher Internetpreis 2000"
	▪ Kein direkter Zugang/ Link zum Marktplatz

USP

- Möglichkeit für individuelle Preise
- Regionale Vertretungen in ganz Deutschland
- Persönlicher Kundenkontakt durch Außendienst
- Ein Ansprechpartner für alle Lieferanten
- Sammelrechnung am Ende des Monats
- Sonderbeschaffung für Güter, die nicht im Katalog aufgeführt sind

Interview: ja

3.3.6. Mondus

Branchenzuordnung:	C-Artikel/ MRO
Internetadresse:	http://www.mondus.de
Branchenausrichtung:	Horizontal
Beteiligungsstruktur:	Buyer-driven (käuferorientiert)
Betreiber:	Mondus.de GmbH
Sonstige Aktivitäten:	-
Sitz:	London
Niederlassungen:	Deutschland (Hamburg), Frankreich, Grossbritannien, Frankreich, Italien
Mitarbeiter:	130, davon 30 Mitarbeiter in Deutschland
Online seit:	November 1999
Investoren:	SEAT Pagine Pegalle, bizzcontact.com, Bundesverband Materialwirtschaft, Einkauf und Logistik
Partner:	Ciao.com, Business Europe.de, Bürgel
Gehandelte Produkte:	Insgesamt über 4.000 Produkt- und Dienstleitstungskategorien

Produkte
Bücher, Bürobedarf, -möbel und –technik, IT-

Hardware und –Software, Telekommunikation, Werbeartikel

Dienstleistungen
Allgemeine Unternehmensdienste, Beratung, Bürodienste, Dienste für betriebliche Abteilungen, Finanzdienstleistungen, Gebäudedienste, Telekommunikation, sonstige Dienste

Leistungsprofil:

Commerce:

Transaktionsmodell(e)
- Kataloge (Multikatalog)
- Ausschreibungen

Value Added Services
- Katalogmanagement
- Suchfunktion

Content:
- News und Tips (Marketing, Finanzierung, etc.)
- Lexikon
- Wöchentliche Karikatur

Community: -

Sprache(n):   Deutsch, englisch, französisch, italienisch

Weiterentwicklung: -

Markplatzteilnehmer:
- Insbesondere kleine und mittlere Unternehmen
- Summe Käufer und Verkäufer: 170.000
- davon 40.000 aus Deuschtschland
  - Anzahl Käufer 35.000
  - Anzahl Ein- und Verkäufer: 5.000

Referenzkunden: Keine Angaben

Ertragsmodell(e):   Transaktionsgebühren für Verkäufer

Transaktionsvolumen: Keine Angaben

Umsatz: Keine Angaben

Break-Even-Point: Erwartet für Ende 2002

Sonstiges:
- Mehrere Auszeichnungen, darunter bester horizontaler Marktplatz in der Jupiter MMX Studie „B-to-B Gewinner in Europa"

  USP
- Breite und Tiefe des Angebotes ermöglicht „one-stop-shopping"
- Multikatalog bringt hohe Transparenz für Käufer

Interview: ja

3.3.7. ServeLine.com

Branchenzuordnung: Automotive

Internetadresse: http://www.serveline.com

Branchenausrichtung: Vertikal

Beteiligungsstruktur: Third-Party (neutral)

Betreiber: ServeLine Supply & Logistics GmbH

Sonstige Aktivitäten: -

Sitz: Köln

Niederlassungen: -

Mitarbeiter: 16

Online seit: September 1999

Investoren: -

Partner: -

Gehandelte Produkte: Zeichnungsteile und Rohmaterialien der Automobilindustrie

Leistungsprofil:

Commerce: Transaktionsmodell(e)

- Ausschreibungen
- Reverse Auctions

Value Added Services

- Lieferantenrecherche
- Lieferantenbewertung
- Erstellung der Ausschreibungsunterlagen
- Preisanfragen
- Kalkulation
- Logistikdienstleistungen

Content: -

Community: -

Sprache(n):   Deutsch, englisch, japanisch

Weiterentwicklung: Geplant: Eröffnung neuer Standorte in Japan, USA, Frankreich und UK

Markplatzteilnehmer: • Kunden aus Japan, USA, Frankreich, Österreich und BRD

- Unternehmensgröße: ab 75 Mio. EURO Jahresumsatz
- Anzahl Verkäufer: 276 feste Partner und 2.500 Kontakte
- Anzahl Käufer: 15

Referenzkunden: Keine Angaben

Ertragsmodell(e):   Keine Angaben

Transaktionsvolumen: 1. Halbjahr 2001:

350 Mio. EURO/ 480 verschiedene Teile

Umsatz: 2. Halbjahr 2000

156.000 EURO

1. Halbjahr 2001-10-07

357.000 EURO

Umsatzprognose für 2001

800.000 EURO

Break-Even-Point: Im April 2001 überschritten

Sonstiges: USP

- Kunden werden über alle Phasen der Fahr-
  zeugentwicklung begleitet und unterstützt: von
  Planung über Entwicklungsphase und Rah-
  menverträge bis zur Serienproduktion.

- Beide Geschäftsführer haben langjährige Erfahrungen in der Automobilbranche gesammelt.

Interview: ja

3.3.8. Teccom

Branchenzuordnung: Automotive

Internetadresse: http://www.teccom.sbs.de

Branchenausrichtung: Vertikal

Beteiligungsstruktur: Seller-Driven (verkäuferorientiert)

Betreiber: Teccom GmbH

Sonstige Aktivitäten: -

Sitz: München

Niederlassungen: Köln, Frankreich, England, Belgien, Italien

Mitarbeiter: 50

Online seit: September 2000

Investoren: TecDoc Informationssysteme GmbH, Siemens Business Services GmbH &Co. OHG, sowie 21 führende Teilehersteller (BERU, Bosch, Hella, Magneti Marelli, TRW, Valeo, VDO...)

Partner: -

Gehandelte Produkte: Automobilersatzteile für den Aftermarket

Leistungsprofil:

Commerce: Transaktionsmodell(e)

Kataloge

Value Added Services

- Schulungen
- Beratung
- Application Service Providing
- Newsletter

Content:

- Kurzinformationen zum Unternehmen
- Presse
- Jobbörse
- Glossar
- Veranstaltungskalender

Community: -

Sprache(n): Deutsch, englisch, spanisch, französisch

Weiterentwicklung: weitere Services im Aufbau

Markplatzteilnehmer:

- Europäische Branchenführer
- Anzahl Verkäufer: 70
- Anzahl Käufer (v.a. Großhandel): 530

Referenzkunden: Alle Großhändler der Investoren

Ertragsmodell(e):

- Registrierungsgebühren: Nur für Lieferanten
- Servicegebühren für Mailings, Beratung und Schulungen

Transaktionsvolumen: 1. Halbjahr 2001
ca. 300.000 Transaktionen

Umsatz: Keine Angaben

Break-Even-Point: Erwartet für Anfang 2002

Sonstiges: -

Interview: ja

3.3.9. Eu-Supply.com

Branchenzuordnung:	Bau
Internetadresse:	http://www.eu-supply.com
Branchenausrichtung:	Vertikal
Beteiligungsstruktur:	Third-Party (neutral)
Betreiber:	Eu-supply.com
Sonstige Aktivitäten:	-
Sitz:	Keine Angabe
Niederlassungen:	Deutschland (fünf Niederlassungen), Grossbritannien, Spanien, Frankreich, Finnland, Italien,
Mitarbeiter:	85
Online seit:	1999
Investoren:	Internet Capital Group
Partner:	Sageret, Cambridge Technologies, Red Message
Gehandelte Produkte:	Baustoffe und -dienstleistungen

Leistungsprofil:

Commerce: Transaktionsmodell(e)

- Ausschreibungen
- Auktionen
- Powerbuying

Value Added Services

- Beratung
- Teilnahme an Auktionen über WAP[139]
- Lieferantendatenbank
- Webmail Service: Teilnehmer können über Plattform ihre eigene E-mail einrichten
- SMS-Infodienst
- Marktplatzteilnehmer können auf der Plattform ihre Hompage einbinden
- Teilnehmer können Kalkulationsanfragen online an Lieferanten und Hersteller übermitteln.

Content: News

- Demos
- Presse
- Stellenangebote

Community: -

Sprache(n):   Deutsch, englisch, spanisch, französisch, schwedisch, finnisch

Geplante Erweiterung   derzeit keine

Markplatzteilnehmer: Große und mittelständische Bauunternehmen aus ganz Europa

---

[139] Anm. des Verfassers: Teilnahme also über Mobiltelefon möglich.

Referenzkunden: „...mehr als die Hälfte der größten Bauunternehmen in Europa...“[140]

Ertragsmodell(e): Keine Angaben

Transaktionsvolumen: 1. Halbjahr 2001
100 Mio. EURO/ ca. 250 Transaktionen

Umsatz: Keine Angaben

Break-Even-Point: Erwartet in 2002

Sonstiges: USP
- Persönliche Beratung
- Weitreichender Kundenservice

Interview: ja

---

[140] http://www.eu-supply.com.

3.3.10. MyBau

Branchenzuordnung: Bau

Internetadresse: http://www.mybau.com

Branchenausrichtung: Vertikal

Beteiligungsstruktur: Buyer-Driven (käuferorientiert)

Betreiber: MyBau.com AG

Sonstige Aktivitäten: -

Sitz: München

Niederlassungen: -

Mitarbeiter: 60

Online seit: November 2000

Investoren: Nemetschek AG, Bilfinger Berger AG, Strabag AG

Partner: UB Media Verlag, Jehle Rehm Verlag, Intershop Enfinity, Ecotech, Brainloop AG, u. a.

Gehandelte Produkte: Baustoffe, CAD-Zeichnungen

Leistungsprofil:

Commerce: Transaktionsmodell(e)

- Ausschreibungen
- Kataloge

Value Added Services

- Anbindung des Kataloge an ERP-Systeme von Käufern und Lieferanten
- Materialfluss kann online verfolgt werden
- META-Katalog (Produktinformationssystem für Baustoffe, technische Zeichnungen und sonst. Informationen)
  - Darstellung der Verfügbarkeit
  - Suchfunktion nach Schlagwörtern, Produkten, Firmen
- Application Service Providing der „MyBausoftware", z.B. für Office Anwendungen, Statik- und Tragwerksplanung, Bauteilrechner
- Ausschreibungsdatenbank
- Abbildung von Rahmenverträgen

Content:

- Aktuelle Nachrichten
- Fachinformationen
  - Rechtsfragen/ Finanzierung/ Versicherung
  - Auszüge aus Fachzeitschriften
- Online Berechnungstools: u. a. Baukostenüberschlag und HOAI- Rechner (Honarare für Architekten und Ingenieure)
- Presse
- Stellenausschreibungen
- Linkverzeichnis
- Newsletter

Community:	• Virtueller Projektraum: alle projektbeteiligten Unternehmen können über eine zentral verwaltete Datenbank Informationen und Dokumente austauschen

Sprache(n):	Deutsch

Weiterentwicklung:	• ASP z.B. für Betriebsabrechnung, Facilty Management und Reisekostenabrechnung • Erweiterung des Content (Wetter, Studien, usw.)

Markplatzteilnehmer:	Architekten, Ingenieure, Fachplaner, Bauunternehmen, Baustoffhändler und –hersteller

Referenzkunden:	Keine Angaben

Ertragsmodell(e):	• Transaktionsgebühren • Dienstleistungsgebühren für ASP und Nutzung der Ausschreibungsdatenbank

Transaktionsvolumen:	Keine Angaben

Umsatz:	Keine Angaben

Break-Even-Point:	Keine Angaben

Sonstiges:	Eigenkapital in Höhe von 30 Mio. EURO

Interview:	nein

3.3.11. Chemconnect

Branchenzuordnung: Chemie

Internetadresse: http://www.chemconnect.com

Branchenausrichtung: Vertikal

Beteiligungsstruktur: Buyer-Driven (käuferorientiert)

Betreiber: ChemConnect, Inc.

Sonstige Aktivitäten: -

Sitz: -

Niederlassungen: Deutschland (Frankfurt), USA, Niederlande, Singapur

Mitarbeiter: Weltweit 140

Online seit: 1999

Investoren: 40 weltweit führende Chemieunternehmen wie BASF, Bayer, BP Amoco Chemicals. Andere Investoren: z.B., Morgan Stanley, SAP Ventures

Partner: Accenture, IBM, Oracle, u.a.

Gehandelte Produkte:
- Chemikalien
- Farben, Lacke
- Kunststoffe/ Verpackungsmaterialien
- Papier, Pappe

74

Leistungsprofil:

Commerce: Transaktionsmodell(e)

- Ausschreibungen (offener Teilnehmerkreis)
- Auktionen/ Reverse Auctions (geschlossener Teilnehmerkreis)

Value Added Services

- Anbindung an ERP-Systeme
- Beratung
- Logistikdienstleistungen
- Finanzierung
- Broker Service für online- und offline-Handel

Content: - Veranstaltungskalender
- News

Community: -

Sprache(n):   englisch

Weiterentwicklung: Horizontale Branchenausrichtung

Markplatzteilnehmer: - Internationale Branchenführer der Chemie-, Kunststoff- und Verpackungsindustrie
- Anzahl Käufer: ca. 20.000
- Anzahl Verkäufer: ca. 10.000

Referenzkunden: u.a. die Investoren wie Bayer oder BASF

Ertragsmodell(e):   - Einmalige Registrierungsgebühr (zwischen 1.000 – und 100.000 Dollar, abhängig vom Jahresumsatz
- Transaktionsgebühren: zwischen 0,075 Dollar/ Tonne und 2,50 Dollar/ Tonne

Transaktionsvolumen: 1. Halbjahr 2001

Transaktionsvolumen: 1,6 Milliarden Dollar

Umsatz: Keine Angaben

Break-Even-Point: Keine Angaben

Sonstiges: Aufteilung des Marktplatzes in drei Bereiche:

- „Commodity floor": Vertrieb von Produkten für die Ölchemie
- Exchange Floor: Ausschreibungen
- Corporate Trading Room: Auktionen

USP

- „Weltweiter Handel"
- „Weltweit bekannt"
- „Hohes Branchen Know-Know"

Interview: ja

3.3.12. Free Trade Zone

Branchenzuordnung: Elektronik, Elektrik

Internetadresse: http://www.freetradezone.com

Branchenausrichtung: Vertikal

Beteiligungsstruktur: Third-Party (neutral)

Betreiber: PartMiner, Inc.

Sonstige Aktivitäten: -

Sitz: New York

Niederlassungen: Stuttgart (Partminer GmbH), Kopenhagen, Helsinki, Long Island, Stockholm, Singapur, Taipeh, Tel Aviv, Hampshire

Mitarbeiter: 250

Online seit: Juni 2000

Investoren: -

Partner: Agile, Dell, E2open, Yahoo Industrie Marketplaces, Celestica, Cahners, Innoveda

Gehandelte Produkte: Elektronische Komponenten (Anzahl: 15 Mio.)

Leistungsprofil:

Commerce: Transaktionsmodell(e)

- Kataloge
- Auktionen

Value Added Services

- Katalogmanagement
  - Shopping Agent: Relevante Webseiten und Datenbanken können weltweit nach Produkten, inklusive Preisen und Verfügbarkeit durchsucht werden.
- Service Providing
- Newsletter

Content:
- Allgemeine Informationen
- Presse
- Industrienachrichten

Community: -

Sprache(n): englisch

Weiterentwicklung: Ausbau der Funktionalitäten, wie z.B. die Verfügbarkeit von Stücklisten

Markplatzteilnehmer:
- Hauptsächlich mittelständische und große Unternehmen (mehr als 5.000 Mitarbeiter)
- Internationale Teilnehmer
- Anzahl Lieferanten: 6.000
- Anzahl Käufer: 120.000

Referenzkunden: Keine Angaben

Ertragsmodell(e): Keine Angaben

Transaktionsvolumen: 1. Halbjahr 2001
ca. 425 Mio Dollar

Umsatz: Keine Angaben

Break-Even-Point: ▪ Erwartet zwischen Ende 2001 und Mitte 2002

Sonstiges: ▪ Marktplatz wurde durch Ernst & Young zertifiziert

USP
▪ Weltweit größte Datenbank für elektrische Bauelemente
▪ Shopping Agent
▪ Einkäufer können den Teilnehmerkreis selbst bestimmen

Interview: ja

3.3.13. DCI Webtradecenter

Branchenzuordnung: IT/ Telekommunikation

Internetadresse: http://www.webtradecenter.de

Branchenausrichtung: Vertikal

Beteiligungsstruktur: Third-Party (neutral)

Betreiber: DCI Database for Commerce and Industry AG

Sonstige Aktivitäten: Inhaber von:
- Bonitrus AG
- Target Press Publishing GmbH
- Business Software Solutions

Sitz: Starnberg

Niederlassungen: London, Bottrop, UK, Malta, Rumänien

Mitarbeiter: 85 (nur für Marktplatz)

Online seit: 1995

Investoren: -

Partner: z.B. Compuserve, Healy Hudson, Ebaypro, MuK GmbH

Gehandelte Produkte: IT
Anwendungssoftware, Betriebssysteme, Kabel und Zubehör, Komponenten, Rechner, Peripherie, etc.

Telekommunikation

Telefonanlagen, Mobiltelefone, Modem, Navigationssysteme u.v.m.

Büro

Aktenvernichter, Anrufbeantworter, Büroausstattungen, Kopiergeräte, Projektoren, u.v.m.

Leistungsprofil:

Commerce: Transaktionsmodell(e)

- Kataloge
- Ausschreibungen

Value Added Services

- Softwarelösungen
  - Vertriebssoftware „TradeManager" für die Anbindung an ERP-Systeme der Kunden übersetzt Informationen in insgesamt sechs Sprachen
  - „Lead Generating Tracking"-System für gezielte Zusammenarbeit zwischen Hersteller und Fachhandel
  - Datenlogistik: Tools zur Unterstützung von Direktmarketing und Marktforschung
  - Factoring
- Katalogmanagment (700 aktuelle Kataloge mit über 400.000 Produkten)
- Bonitrus Zertifizierung möglich
- Suchfunktion für Produkte und Hersteller
- Fax-Werbeanzeiger und Fax-Infoservice
- Herausgabe des Magazins „Webtrade" (Auflage 120.000/ Monat) durch die DCI AG
- Kundendienst

Content:	▪ Partnerportal
	▪ Aktuelle Nachrichten aus dem Hard- und Software markt

Community: -

Sprache(n): Deutsch, Englisch, Kataloge in sechs Sprachen

Weiterentwicklung: ▪ Auftritt als ASP-Content- und Infoprovider

▪ Digitales Absatzmanagement

Markplatzteilnehmer: ▪ Internationale Teilnehmer entlang der Supply-

Chain, insbesondere Fachhändler

▪ Anzahl Verkäufer: ca. 9.000

▪ Anzahl Käufer: ca. 50.000

Referenzkunden: Telekom AG, Toshiba, Fujitso Siemens Computers,

Geha, Miro u.v.m.

Ertragsmodell(e): ▪ Mitgliedspauschale für Käufer und Verkäufer

▪ Höhe und Berechnungszeitraum abhängig von

vertraglich vereinbartem Funktionsumfang

(sechs verschiedene Stufen)

▪ Niedrigste Einstufung „Basic" beinhaltet nur

Ausschreibungen und ist kostenfrei.

▪ Mitgliedsgebühren für umfangreichere

Funktionspakete werden jährlich, für die Pakete

„VIP" und „Master" monatlich erhoben

Transaktionsvolumen: 1. Halbjahr 2001

ca. 140 Mio. EURO / 13.000 Transaktionen

Umsatz:

2. Halbjahr 2000
3 Mio. EURO (nur Marktplatz)/ 6 Mio. EURO (gesamt)

1. Halbjahr 2001
3 Mio. EURO (nur Marktplatz)/ 6,7 Mio. EURO (gesamt)

Prognose für 2001
18 Mio. EURO (gesamt)

Break-Even-Point: Erwartet für 2. Quartal 2002

Sonstiges: USP
- „Größte Produktdatenbank im IT/ TK- Bereich"
- „Bonitrus-Zertifizierung"
- „Eigenes Magazin"

Interview: ja

3.3.14. Netbid

Branchenzuordnung: Maschinen/ Anlagen

Internetadresse: http://www.netbid.de

Branchenausrichtung: Horizontal

Beteiligungsstruktur: Third-Party (neutral)

Betreiber: Netbid AG

Sonstige Aktivitäten: Klassisches Auktionsgeschäft

Sitz: Hamburg

Niederlassungen: -

Mitarbeiter: 40

Online seit: November 1999

Investoren: Angermann und Lüders (Präsenzauktionshäuser), Deutsche Leasing AG, Sparta AG, u.a.

Partner: Schenker, Deutsche Leasing, WÜBA, American Appraisal Association, BELFOR DeHaDe GmbH

Gehandelte Produkte: Gebrauchte Maschinen und Anlagen (Bau, Druck, Elektrobranche, Fahrzeuge, Holzverarbeitung, Metallverarbeitung, u. v. a.)

Leistungsprofil:

Commerce: Transaktionsmodell(e)

Auktionen

Value Added Services

- Außendienst: Maschinenüberprüfung und -

bewertung

- Finanzierung

- Versicherung

- Transport

- Beratung (u.a. Nachfolgeregelungen)

- Suchfunktion für Maschinen

- Newsletter

Content: - Presse

- Stellenausschreibungen

- Währungsumrechner

- Archiv über frühere Angebote

- Veranstaltungskalender

- Werbebanner

- Links zu Allago (C-Artikel/ MRO) und diversen

Maschinenbörsen

Community: -

Sprache(n):   Deutsch, englisch, tschechisch

Weiterentwicklung: - Weitere Sprachversionen

Markplatzteilnehmer: - International, hauptsächlich Deutschland, Ös-

terreich und Schweiz

- Kleine, mittlere und große Unternehmen

- Anzahl gelisteter Teilnehmer: 25.000 (Verhält-

nis Käufer/ Verkäufer: ca. 2/ 1

Referenzkunden: Keine Angaben

Ertragsmodell(e):   Keine Angaben

Transaktionsvolumen: Keine Angaben

Umsatz: Keine Angaben

Break-Even-Point: Erwartet für 2. Halbjahr 2002

Sonstiges: <u>USP</u>

- „Kombination aus klassischem und Internet-
  Auktionsgeschäft"
- „Branchen-Know-how"

Interview: ja

3.3.15. Surplex

Branchenzuordnung: Maschinen/ Anlagen

Internetadresse: http://www.surplex.com

Branchenausrichtung: Horizontal

Beteiligungsstruktur: Seller-Driven (verkäuferorientiert)

Betreiber: Surplex.com AG

Sonstige Aktivitäten: -

Sitz: Berlin

Niederlassungen: England, Frankreich, Schweden, Russland, Spanien, Polen, Italien, Saudi Arabien

Mitarbeiter: 130

Online seit: 2000

Investoren: Henkel, Global Retail Partners, b-business partners, Viventures, The Carlyle Group,

Partner: VDMA, Industrieanzeiger, Newtron, Ec4Ec, Babcock Borsig Power, Microsoft, SAP AG

Gehandelte Produkte:
- Gebrauchtmaschinen für fast alle Industriezweige, z.B. für Holz, Metall-, Bau- und Automobilindustrie
- Überschussware

Leistungsprofil:

Commerce: Transaktionsmodell(e)

- Ausschreibungen
- Auktionen
- Festpreisverkauf

Value Added Services

- Beratung
- Logistikdienstleistungen (Auf- und Abbau von Maschinen, Transport)
- Finanzierung

Content: -

Community: ▪ Chatfunktion

Sprache(n): Deutsch, englisch, französisch, polnisch, spanisch, italienisch, türkisch, russisch

Geplante Erweiterung Keine Angaben

Markplatzteilnehmer: Über 8.000 registrierte Kunden

Referenzkunden: ABB, Henkel, Babcock Borsig Power, Nestlé, Adtranz etc.

Ertragsmodell(e): Umsatzabhängige Transaktionsgebühr (5-9%) für den Verkäufer

Transaktionsvolumen: Keine Angaben

Umsatz: Keine Angaben

Break-Even-Point: Keine Angaben

Sonstiges:
- Mehrere Auszeichnungen, darunter „E-Company of the Year 2001"
- Platz 1 der Forrester –Studie „B2B-Marktplätze im Härtetest"[141]

Interview: nein

---

141 Vgl. Hämmerling, A.: E-Markets auf dem Prüfstand.

3.3.16. Windpoweronline

Branchenzuordnung: Maschinen/ Anlagen

Internetadresse: http://www.windpoweronline.com

Branchenausrichtung: Vertikal

Beteiligungsstruktur: Third-Party (neutral)

Betreiber: New Energy Networks

Sonstige Aktivitäten: -

Sitz: Stemwede

Niederlassungen: -

Mitarbeiter: 3

Online seit: Oktober 2000

Investoren: -

Partner: Schenker AG, Martens & Prahl Insurance Broker,
Bundesverband WindEnergie e. V., u. a.

Gehandelte Produkte: Windkraftanlagen

Leistungsprofil:

Commerce: Transaktionsmodell(e)

Ausschreibungen

Value Added Services

- Finanzierung
- Versicherung
- Logistik
- Advertising Services für branchenspezifische Unternehmen
- Newsletter

Content:
- News
- Presse
- Stellenangebote
- Branchenspezifische Buchtipps

Community: -

Sprache(n):   englisch

Geplante Erweiterung
- Angebot von Fondbeteiligungen
- Marktplätze für Solar- und Bioenergie

Markplatzteilnehmer:
- Internationale Windkraftanlagenhersteller und Projektierungsgesellschaften
- Anzahl Käufer: 250
- Anzahl Verkäufer: 30

Referenzkunden: Keine Angaben

Ertragsmodell(e):   Keine Angaben

Transaktionsvolumen: Keine Angaben

Umsatz: Keine Angaben

Break-Even-Point: Nach Aussage des Geschäftsführers schon über-
                         schritten

Sonstiges: -

Interview: ja

3.3.17. Allocation.net

Branchenzuordnung: Metall

Internetadresse: http://www.allocation.net

Branchenausrichtung: Vertikal

Beteiligungsstruktur: Buyer-Driven (käuferorientiert)

Betreiber: Allocation Network GmbH

Sonstige Aktivitäten: -

Sitz: München

Niederlassungen: -

Mitarbeiter: 10

Online seit: September 1999

Investoren: Thiel Logistik AG

Partner: Bundesverband Materialwirtschaft, Einkauf und Logistik (BME), Apeiron GmbH, ProXchange.com

Gehandelte Produkte:
- Metalle (vorwiegend)
- Kunststoffe

Leistungsprofil:

Commerce: Transaktionsmodell(e)

- Ausschreibungen (geschlossener Teilnehmerkreis)
- Reverse Auctions

Value Added Services

- ASTRAS: Ausschreibungs-, Auktions- und Lieferantenmanagementsystem zur Einbindung in die Homepage der Teilnehmer
- Unternehmen können Links zu eigenen Online-Shops platzieren,
- Logistikdienstleistungen
- Newsletter
- Callback-Service

Content:

- Veranstaltungskalender
- Presse
- Stellenausschreibung
- Demo

Community: -

Sprache(n):   Deutsch, englisch

Weiterentwicklung: Derzeit keine Erweiterung des Leistungsspektrums geplant.

Markplatzteilnehmer:

- Vorwiegend mittelständische Unternehmen
- Anzahl Lieferanten (Europa/ Asien): ca. 1.600
- Anzahl Käufer (national): ca. 800

Referenzkunden: Keine Angaben

Ertragsmodell(e):	Teilnehmergebühr
	Jährlich ca. 1.000 EURO für Lieferanten, für Käufer ist die Teilnahme kostenfrei
	Transaktionsgebühren
	Für Ausschreibungen und Reverse Auctions werden jeweils Gebühren zwischen 1.650 bis 5.000 EURO erhoben

Transaktionsvolumen: 1. Halbjahr 2001

50 Mio. EURO/ ca. 150 Transaktionen

Umsatz: Keine Angaben

Break-Even-Point: Erwartet für Ende 2002

Sonstiges: USP
- Branchenfokus
- Hohe Funktionalität
- Einfache Handhabung, da keine Einbindung an ERP-Systeme nötig
- Möglichkeit für eine strukturierte Gestaltung des Einkaufs

Interview: ja

3.3.18. Metalauctions

Branchenzuordnung: Metall

Internetadresse: http://www.metalauctions.com

Branchenausrichtung: Vertikal

Beteiligungsstruktur: Third-Party (neutral)

Betreiber: MetalAUCTIONS.com GmbH

Sonstige Aktivitäten: MacroMETAL Handelsgesellschaft mbH & Co.

Sitz: Hamburg

Niederlassungen: -

Mitarbeiter: 12

Online seit: 1999

Investoren: -

Partner: -

Produkte:
- Eisenhaltige Metalle
- Nicht-Eisenhaltige Metalle
- Rohstoffe und Schrott

Leistungsprofil:

Commerce: Transaktionsmodell(e)

- Auktionen
- Reverse Auctions

Value Added Services

- Wahl zwischen privatem und öffentlichen Marktplatz
- Software zur Dateneingabe für verschiedene Betriebssysteme
- Fulfillment
  - Versicherung
  - Inspektion
  - Transport
  - Logistik
- Newsletter

Content:

- Umrechner für Längen, Flächen, Volumen und Temperatureinheiten
- Übersicht über Wechselkurse
- Presse

Community: -

Sprache(n):   deutsch

Weiterentwicklung: Informationen über Forschung und Entwicklung

Markplatzteilnehmer: Anzahl Verkäufer: ca. 170

Referenzkunden: Keine Angaben

Ertragsmodell(e):   Transaktionsgebühr für den Verkäufer, abhängig
                         vom Wert der gehandelten Ware

Transaktionsvolumen: Keine Angaben

Umsatz: Umsatz 1999
                         17,5 Mio EURO (macroMETAL und metalAUCTI-
                         ONS.com

Break-Even-Point: Keine Angaben

Sonstiges: Keine Angaben

Interview: Nein

3.3.19. Benelog

Branchenzuordnung: Logistik/ Transport

Internetadresse: http://www.benelog.com

Branchenausrichtung: Horizontal

Beteiligungsstruktur: Third-Party (neutral)

Betreiber: Benelog.com AG

Sonstige Aktivitäten: -

Sitz: Köln

Niederlassungen: -

Mitarbeiter: 35

Online seit: August 2000

Investoren: DaimlerChrysler Venture GmbH, BV Capital Ma-
                           nagement L.L.C., Click Consult Dresden

Partner: -

Gehandelte Produkte: ▪ Transport- und Logistikdienstleistungen
                           ▪ Vermittlung freier Ladekapazitäten

Leistungsprofil:

Commerce:

Transaktionsmodell(e)

- Ausschreibungen
- Auktionen

Value Added Services

- E-mail/ SMS Benachrichtigungsservice
- Bewertung der Teilnehmer

Content:

- Konventionen & Regelungen
  - „Convention on the Contract for the International Carriage of Goods by Road (CMR)"
  - „Allgemeine Deutsche Speditionsbedingungen"
- Stellenangebote

Community: -

Sprache(n):   Deutsch, englisch, polnisch, französisch

Weiterentwicklung: Geschäftsstellen in Polen, Frankreich und Grossbritannien

Markplatzteilnehmer:
- Kleine bis große Unternehmen aus Europa und dem Ural
- Summe Verlader: 1.600
- Summe Spediteure: 3.250

Referenzkunden: Keine Angaben

Ertragsmodell(e):   ▪ Der Bieter zahlt Transaktionsgebühren bei Zu-
                          standekommen eines Auftrages.
                          - einzelne Fracht 4-15 EURO
                          - bei Frachtpakete 3% des Auftragsvolumen
                        ▪ Rechnungsgebüren in Höhe von 5 EURO

Transaktionsvolumen: Kein Angaben

Umsatz: Keine Angaben

Break-Even-Point: "wahrscheinlich schon überschritten"

Sonstiges: Betriebskapital beträgt 15 Mio. EURO

Interview: ja

3.3.20. CargEx

Branchenzuordnung: Logistik/ Transport

Internetadresse: http://www.cargex.de

Branchenausrichtung: Horizontal

Beteiligungsstruktur: Third-Party (neutral)

Betreiber: CargEx GmbH

Sonstige Aktivitäten: -

Sitz: Nürnberg

Niederlassungen: -

Mitarbeiter: 20

Online seit: November 1998

Investoren: Industrie Holding Management GmbH, T-Telematik Venture Holding GmbH

Partner: Planung Transport Verkehr AG

Gehandelte Produkte: Transportdienstleistungen

Leistungsprofil:

Commerce: Transaktionsmodell(e)

- Ausschreibungen
- Auktionen

Value Added Services

- Application "TransAct" erlaubt Anbindung an
  ERP- und Warenwirtschaftssysteme
  - Voll- und teilautomatisierter Datenaus-
    tausch zwischen unterschiedlichen Teil-
    nehmern
  - Hohe Anpassungsfähigkeit an die Bedürf-
    nisse des Benutzers
- Durchgängige Prozessunterstützung vom An-
  bieten der Fracht bis zur Erteilung des Auftra-
  ges
- Offene und geschlossene Benutzergruppen
  durch den User frei definierbar
- Teilnehmer werden vor ihrem Zugang auf Au-
  thenzität und Seriösität geprüft
- Newsletter (SMS, E-Mail oder Fax)

Content: - Veranstaltungskalender
                     - Stellenangebote

Community: -

Sprache(n):   Deutsch, englisch

Weiterentwicklung: Vom Standort unabhängiger Zugriff auf System
                        durch Einbindung von Telematik-Endgeräten mög-
                        lich (ab Mitte 2002)

Markplatzteilnehmer: • Vorwiegend aus Deutschland (80%), der Rest
aus dem europäischen Ausland
• Anteil Verlader: ca. 1/3
• Anteil Speditionen/ Transportdienstleister: ca.
2/3

Referenzkunden: Keine Angaben

Ertragsmodell(e): Spediteure und Verlader zahlen jeweils:
• Monatliche Teilnehmergebühr (60-120 EURO)
• Von Teilnehmergebühr und Frachtmenge ab-
hängige Transaktionsgebühr
• Benachrichtigungskosten für SMS-Service

Transaktionsvolumen: Keine Angaben

Umsatz: Keine Angaben

Break-Even-Point: Keine Angaben

Sonstiges: USP
Persönliche Kundenbetreuung

Interview: ja

3.3.21. Cargoclix

Branchenzuordnung: Logistik/ Transport

Internetadresse: http://www.cargoclix.com

Branchenausrichtung: Horizontal

Beteiligungsstruktur: Third-Party (neutral)

Betreiber: Cargoclix.com, Dr. Meier & Schmidt GmbH

Sonstige Aktivitäten: -

Sitz: Niefern

Niederlassungen: -

Mitarbeiter: 15

Online seit: Juni 2000

Investoren: -

Partner: Oskar Schunk KG, DEKRAnet, Bundesverband
Werkverkehr und Verlader, GFGHJnet

Gehandelte Produkte: Logistikdienstleistungen, Frachtauktionen

Leistungsprofil:

Commerce:

Transaktionsmodell(e)

- Ausschreibungen
- Auktionen

Value Added Services

- Prozessintegration durch Anbindung an ERP-Systeme/ Speditionssoftware
- Geschlossener Teilnehmerkreis für Speditionen und Verlader als ASP-Funktionalität
- Teilnehmer können sich nach jeder abgewickelten Transaktion hinsichtlich ‚Qualität der Auftragsausführung' und ‚Zahlungsverhalten' bewerten
- Bonitätsprüfung durch externe Auskunfteien
- Planungssicherheit durch einheitliches Auktionsende um 12 Uhr MEZ
- Trusted Trade Zertifikat des Gerling Versicherungsgruppe: Teilnehmer haben die Möglichkeit eine Kreditversicherung gegen Forderungsausfälle und Zahlungsverzug abzuschließen.
- Teilnehmer erhalten Statusbericht ihrer Transaktionen über E-mail

Content:

- Allgemeine Informationen
- Presse
- Stellenangebote

Community: -

Sprache(n): Deutsch, englisch, spanisch, italienisch

106

Weiterentwicklung:
- Weitere Funktionalitäten zu Personalisierung des Angebotes
- Versicherung und Factoring
- Integration von Telematiklösungen

Markplatzteilnehmer:
- Summe der Teilnehmer: > 2.000
- Verlader (80%): mittelständische Unternehmen/ Großkonzerne
- Speditionen und Frachtführer (20%): Mittel-ständische Unternehmen/ Branchenführer

Referenzkunden: z.B. Nestlé AG

Ertragsmodell(e):   Frachtauktion

Transaktionsgebühren bei vermitteltem Auftrag nur für den Frachführer (12,5 EURO/ Fracht)

Ausschreibungen
Pauschale Auschreibungsgebühr von 100 EURO nur für den Verlader

Transaktionsvolumen: 1. Halbjahr 2001
> 2,5 Mio EURO/ 2500 Transaktionen

Umsatz: Umsatzprognose für 2001
< 500.000 Euro

Break-Even-Point: Erwartet für Ende 2002

Sonstiges: -

Interview: ja

3.3.22. Energy and more

Branchenzuordnung: Energie

Internetadresse: http://www.energy-more.de

Branchenausrichtung: Horizontal

Beteiligungsstruktur: Third-Party (neutral)

Betreiber: Energy & More Energybroker GmbH & Co. KG

Sonstige Aktivitäten:
- Energiemarkt (Termingeschäft)
- Energiebörse in Frankfurt am Main

Sitz: Königstein

Niederlassungen: -

Mitarbeiter: 19

Online seit: 1999

Investoren: -

Partner: Efot GmbH, n-size GmbH

Gehandelte Produkte: Strom, Gas

Leistungsprofil:

Commerce: Transaktionsmodell(e)

- Ausschreibungen
- Reverse Auctions
- Powerbuying

Value Added Services
- Management Beratung
- Portfoliomanagement (Energieeinkauf auf Großhandelsebene)
- Kundenservice

Content:
- E&M-Benchmarking: Vergleich des Stromprei-ses (cent/ kWh) lokaler Netzbetreiber für eine individuelle Nachfrage mit den Strompreisen aus der E&M Datenbank
- Links zu internationalen Energiebörsen (z.B. Leipzig Power Exchange)
- Publikationen
- Veranstaltungskalender
- Energielexikon
- Allgemeine Brancheninformationen
- Newsticker

Community: -

Sprache(n):   Deutsch, englisch

Weiterentwicklung: keine Angaben

Markplatzteilnehmer:
- Nachfrager: größere Industrieunternehmen (ca. 1.200)
- Anbieter: Energiehändler (ca. 800)

Referenzkunden: Keine Angaben

Ertragsmodell(e):   Gain sharing

- Erfolgsabhängiges Erstsenkungshonorar
- Portfoliomanagement-Honorar bei Nachweis
  neuer Kostensenkungen

Transaktionsvolumen: Keine Angaben

Umsatz: Keine Angaben

Break-Even-Point: Nach eigener Aussage Gewinnzone überschritten

Sonstiges: USP

- Stärkung der Einkäuferposition
- Höchste Marktdurchdringung
- First Mover Advantage

Interview: ja

3.3.23. Leipzig Power Exchange

Branchenzuordnung: Energie

Internetadresse: http://www.lpx.de

Branchenausrichtung: Horizontal

Beteiligungsstruktur: Third-Party (neutral)

Betreiber: Leipzig Power Exchange GmbH

Sonstige Aktivitäten: Marktplatz

Sitz: Leipzig

Niederlassungen: -

Mitarbeiter: 29

Online seit: Juni 2000

Investoren: Landesbank Sachsen Girozentrale, Nord Pool
ASA, Freistaat Sachsen, Freistaat Thüringen,
Bankgesellschaft Berlin

Partner: -

Gehandelte Produkte: Strom

Leistungsprofil:

Commerce: Transaktionsmodell(e)

Börse (Terminmarkt)

Value Added Services
- Schulungen
- Newsletter

Content:
- News
- Presse
- Brancheninformationen
- Terminkalender
- Glossar
- Stellenausschreibungen
- Volltextsuchfunktion

Community: -

Sprache(n): deutsch, englisch

Weiterentwicklung:
- Ausbau des Terminmarktes

Markplatzteilnehmer:
- International (sieben Länder)
- Industrieunternehmen, Energieversorger, Stadtwerke
- Jeder Käufer kann auch Verkäufer sein

Referenzkunden: Eon, MVV Energie AG, RWE Trading GmbH

Ertragsmodell(e): Registrierungsgebühr
Käufer und Verkäufer je 7000 EURO

Transaktionsgebühr
Käufer und Verkäufer je 0,012 EURO je MWh

Transaktionsvolumen: 2. Halbjahr 2000

47,3 Mio EURO / 2,27 Mio. MWh

Umsatz: 2. Halbjahr 2000

47,3 Mio EURO

1. Halbjahr 2001

160 Mio. EURO

Prognose für 2001-10-06

320 Mio. EURO

Break-Even-Point: Erwartet in 2003

Sonstiges:
- Anonymer Handel
- Übernahme von Kontrahentenrisken

Interview: ja

3.3.24. Holzboerse

Branchenzuordnung: Land- und Forstwirtschaft

Internetadresse: http://www.holzboerse.de

Branchenausrichtung: Vertikal

Beteiligungsstruktur: Third-Party (neutral)

Betreiber: Internationale Holzboerse GmbH

Sonstige Aktivitäten: -

Sitz: Hallbergmoos

Niederlassungen: Landshut

Mitarbeiter: 25

Online seit: 1996

Investoren: AdAstra, tbg Deutsche Ausgleichsbank

Partner: -

Gehandelte Produkte:
- Verschiedene Holzprodukte wie Furnier, Parkett, Schnittholz, Paletten, Kisten
- Bauelemente (z.B. Schalungen)
- Forstmaschinen

Leistungsprofil:

Commerce: Transaktionsmodell(e)

- Börse
- Auktionen

Value Added Services

- Einfache Beratung
- Suchmaschinen Installation
- Über 50 Datenbanken
- Einrichten von E-mail Adressen
- Transportbörse
- Jobbörse
- Homepage Hosting
- Homepage Erstellung
- Werbemöglichkeiten
- Newsletter

Content:

- Allgemeine Informationen
- News
- Presse
- Domainverzeichnis
- Zugriffsstatistiken

Community:

- Diskussionsforen

Sprache(n): Deutsch, englisch

Geplante Erweiterung

- Online-Bidding-System: Kunden sollen gebuchte Leistungen einsehen können
- Supply-Chain-Management/ Logistikdienstleistungen

Markplatzteilnehmer:
- Insbesondere mittelständische Unternehmen aus der ganzen Welt (meist Mitteleuropa)
- Anzahl Käufer: ca. 340
- Anzahl Verkäufer: ca. 660

Referenzkunden: Keine Angaben

Ertragsmodell(e):   Monatliche Mitgliedsgebühren
- je nach Anzahl der Mitarbeiter und enthaltenem Leistungsumfang zwischen 10 und 99 EURO

Zusatzdienstleistungen
- Werbung (je nach Art und Umfang zwischen 9 und 249 EURO)
- Jobbörse: 49 EURO je Eintrag
- Maschinenbörse: 49 EURO je Eintrag

Transaktionsvolumen: 3 Mio. Zugriffe auf die Holzboerse im Monat, Transaktionsvolumen und Anzahl der Transaktionen nach eigener Aussage nicht bekannt.

Umsatz: Keine Angaben

Break-Even-Point: Erwartet zwischen 2003-2004

Sonstiges: USP
- Handel- und Informationsplatz
- Außendienst
- Jeder Eintrag wird in mehrere Sprachen übersetzt
- Nach eigener Aussage wichtigste Plattform für den weltweiten Holzhandel

Interview: ja

3.4. Ergebnisse nach Branchen

Im Allgemeinen bestätigen die untersuchten Plattformen unter Abschnitt 2.3. beschriebenen Erfolgsfaktoren, wobei diese von Marktplatz zu Marktplatz und zum Teil auch von Branche zu Branche unterschiedlich stark ausgeprägt sind.

3.4.1. Allgemeine Beschaffung und C-Artikel/ MRO

Die Eigenschaften beider Ausrichtungen sind ähnlich und werden deshalb in einem betrachtet. Fast alle horizontalen Marktplätze, die unter „Allgemeiner Beschaffung" oder C-Artikel zusammengefasst wurden, haben strategische oder technologische Investoren bzw. Partner. Neben großen Warensortimenten werden in der Regel viele werthaltige Leistungen angeboten. Zudem sind die Webseiten überdurchschnittlich aufwendig gestaltet. Es ist anzumerken, dass besonders im Bereich Allgemeine Beschaffung ein hoher Wettbewerb herrscht.

3.4.2. Automotive

Hier sind Value Added Services und Content nur in geringem Umfang vorhanden. Die Webseiten sind einfach gestaltet und die Teilnehmerzahl ist eher gering. Dennoch sind die dargestellten Marktplätze mit und ohne starke Investoren (Serveline - Teccom) offensichtlich sehr erfolgreich. Von Bedeutung ist sicherlich auch der Marktplatz ENX, der wegen mangelnder Informationen jedoch nicht weiter untersucht werden konnte.

3.4.3. Bau

Die Branchenbesten sind durch Rückhalt aus der Bauindustrie (MyBau) oder starke Kapitalgeber (Eu-Supply) gekennzeichnet. Gemeinsamkeiten zwischen Eu-Supply und MyBau sind kaum vorhanden, branchenspezifische Erfolgsfaktoren deshalb nicht ableitbar.

3.4.4. Chemie

Generell sind in dieser Branche nur wenige Marktplätze vertreten. Der Marktplatz „Cheop" konnte wegen mangelnder Information nicht untersucht werden. Der untersuchte Marktplatz Chemconnect gehört sicherlich weltweit zu den besten Chemiemarktplätzen.

3.4.5. Elektronik und Elektrik

Auch hier sind allgemeine Ableitungen nicht möglich, da nur drei Marktplätze näher betrachtet wurden.

3.4.6. IT und Telekommunikation

Aufgrund der Kriterien des Auswahlverfahrens konnten nur drei Marktplätze näher untersucht werden. Dabei hebt sich das DCI Webtradecenter in jeder Beziehung von seinen Wettbewerbern ab.

3.4.7. Maschinen und Anlagen

Hier blieben von anfänglichen 17 Marktplätzen nur noch sieben übrig, wovon drei für eine Darstellung ausgewählt wurden. Diese warten mit starken Partnern und sinnvollen Zusatzdienstleistungen auf. Die größten Unterschiede liegen jedoch in der Branchenausrichtung: Während Surplex und Netbid branchenübergreifend Gebrauchtmaschinen handeln, ist Windpoweronline auf eine kleine Nische fokussiert.

3.4.8. Metall

Die beiden ausgewählten Plattformen Metalauctions und Allocation.net sind in Bezug auf Beteiligungen und Leistungsprofil unterschiedlich, bieten in der Summe jedoch wesentlich mehr als ihre untersuchten Mitbewerber.

3.4.9. Logistik

Die Logistikbranche stellt mit Abstand den größten Bereich im Dienstleistungssektor dar. Die meisten Plattformen bieten nur wenige zusätzliche Dienstleistungen.

Gemeinsamkeit aller dargestellten Plattformen ist die vorherige Überprüfung bzw. Bewertung der Teilnehmer durch die Marktplatzbetreiber. Nur CargEx und Cargoclix haben ein weites Spektrum an werthaltigen Dienstleistungen, Benelog hat einen starken Investor und ein hohes Betriebskapital. „Glomap" ist aufgrund seines hohen Frachtvolumens erwähnenswert (600 Mio. EURO).

3.4.10. Energie

In der ersten Auswahlrunde stellte die Energiebranche das kleinste Segment dar. Energiemarktplätze, insbesondere Energy & More und LPX, zeigen wie erwartet, dass sich Strom für den elektronischen Handel hervorragend eignet.

3.4.11. Land- und Forstwirtschaft

Im Bereich Land- und Forstwirtschaft standen relativ viele Plattformen für eine Auswahl zur Verfügung, es konnte jedoch nur die Holzboerse ausgewählt werden. Als anerkannter und erfolgreicher Nischenanbieter dürfte sie auch in Zukunft eine wichtige Rolle im nationalen und internationalen Holzhandel spielen. Sicherlich wird der ein oder andere Marktplatz aus der Agrarbranche bestehen bleiben, dennoch ragt bisher keiner heraus. Eine Aussage über die Wichtigkeit der untersuchten Plattformen lies sich nicht treffen.

3.4.12. Gesundheitswesen

Von den für die Endauswahl qualifizierten Teilnehmern streben zwei Marktplätze (Glomedix und Vamedis) einen Merger an, die Marktplätze werden also demnächst in ihrer jetzigen Form nicht mehr existieren. Da auf den Plattformen von „Medfair.com" und „med2med" kaum Information veröffentlicht und das Leistungsprofil gering ist, ferner beide Marktplätze die Teilnahme an der Befragung ablehnten, fiel der Gesundheitsbereich aus der weiteren Betrachtung heraus. Obwohl zu Anfang der Medizinbereich mit 15 Plattformen eines der größten Segmente darstellte, ist nach der Untersuchung die Eignung für den elektronischen Handel fraglich: Von allen untersuchten Branchen wurden hier mit einem Anteil von 33% die meisten Marktplätze geschlossen. Die Entwicklung der nach Jahresbeginn 2001 eröffneten E-Markets bleibt abzuwarten.

4. FAZIT

Funktionsweise und Eigenschaften von B2B-Marktplätzen sowie deren technische Voraussetzungen werden erläutert und die wichtigsten Fachbegriffe definiert.

Die Form bzw. Ausgestaltung des E-Marktes ist abhängig von der Beteiligungsstruktur, der Branchenausrichtung sowie den Market Makern. Die wichtigsten Transaktions- und Ertragsmodelle werden dargestellt, kritische Faktoren für einen erfolgreichen Marktplatz ausführlich behandelt. Wichtig ist insbesondere der zusätzliche Nutzen für die Marktteilnehmer, charakterisiert durch Waren- und Dienstleistungsangebot, Inhalt und Anwenderfreundlichkeit sowie den Kommunikationsmöglichkeiten unter den Marktteilnehmern. Von hoher Bedeutung sind zusätzlich die richtige Branchenbzw. Produktauswahl, Branchen-Know-how und hohes Umsatzvolumen. Partner, Investoren und das Vertrauen der Marktteilnehmer sind weitere kritische Erfolgsfaktoren. Vor- und Nachteile von B2B-Marktplätzen werden aufgeführt, wobei sich Nachteile in erster Linie für Lieferanten ergeben.

Die Untersuchung von deutschen Marktplätzen bildet den eigentlichen Kern der Arbeit. Ausgangspunkt war die Marktplatzdatenbank der Firma Berlecon Research mit 242 Adressen deutscher Plattformen, die verschiedenen Branchen zugeordnet wurden. Um wichtige E-Markets einzugrenzen, wurde ein mehrstufiges Auswahlverfahren angewandt, welches sich aus Internetrecherche und einer Befragung zusammensetzte. Die Grundgesamtheit bildeten 147 Marktplätze aus 13 Branchen, von denen 69 E-Markets näher betrachtet und 24 ausführlich dargestellt werden. Die Zwischenergebnisse aus den einzelnen Auswahlschritten werden aufgezeigt, Auffälligkeiten der untersuchten Branchen zusammengefasst.

Die existenzrelevanten Erfolgsfaktoren für B2B-Marktplätze wurden bei der Befragung bestätigt. Werthaltige Dienstleistungen und ausreichende finanzielle Mittel sind die wichtigsten Voraussetzungen für einen Marktplatz, um in Zukunft überleben zu können. Ein guter Kundendienst, gefolgt von zuverlässiger Abwicklung gelten auch in der New-Economy als wichtigste vertrauensbildende Faktoren.

Der Markt für elektronische Plattformen unterliegt einem schnellen Wandel. Plattformen, die noch vor kurzem in den Medien präsent waren, haben ihren Betrieb eingestellt. Gleichzeitig nehmen viele neue Marktplätze ihren Betrieb auf. Von den untersuchten Marktplätzen befinden sich möglicherweise viele noch in der Aufbauphase. Deshalb sind angegebene Transaktionsvolumina noch weit von dem in der Literatur genannten Minimum für ein profitables Geschäft (20 Mio. EURO/ Jahr) entfernt.

Um definitive Aussagen treffen zu können, sollte die Untersuchung in regelmäßigen Abständen wiederholt und existente Marktplätze aufmerksam beobachtet werden.

ANHANG

Anhang 1: Auswahl bekannter Gütesiegel

Anhang 1a: Gütesiegel "Trusted Shops Guarantie" und "trusted trade"
(Quelle: http://www.trustedshops.de)

Anhang 1b: Gütesiegel "Geprüfter Online
shop" (Quelle: http://www.shopinfo.net)

Anhang 1c: Gütesiegel „TÜV Secure IT"
(Quelle: http://www.tuv-secure-
it.com/pages/certified-e-shop.html)

Anhang 1d: Gütesiegel „Bonitrus"
(Quelle: http://www.bonitrus.de)

Anhang 2: Bewertung von Partner, Investoren und Leistungsprofil

Marktplatz/ Portal	Branche	Strat./techn. Partner & Investoren						Leistungsspektrum						Punkte	Interview
		Anzahl			**Bekanntheitsgrad**			**Anzahl**			**Qualität**				
		0	(1-2)	>2	gering	mittel	hoch	gering	mittel	hoch	gering	mittel	hoch		
Atradapro.de	Allg. Beschaffung		1				3		2			2		8	ja
Econia.com	Allg. Beschaffung			2			3	1				2		8	ja
Quibiq.de	Allg. Beschaffung			2			3			3			3	11	ja
conXpert.de	Allg. Beschaffung	0						1			1			2	nein
Mercateo.com	Allg. Beschaffung		1		1					3		2		7	nein
Warenstrom.de	Allg. Beschaffung			2			3	1				2		8	nein
ebaypro	Allg. Beschaffung					2					1			3	nein
Trade2B.com	Allg. Beschaffung			2			3	1				2		8	ja
newtron.de	Allg. Beschaffung			2			3			3			3	11	nein
net-tenders.com	Allg. Beschaffung		1		1					3	1			6	ja
CaDirekt.de	Allg. Beschaffung		1				3	1				2		7	ja
Serveline.de	Automotive	0							2			2		4	ja
Supplyon.com	Automotive	0							2			2		4	ja
Teccom.de	Automotive			2			3	1			1			7	nein
ENX	Automotive			2			3	1			1			7	nein
hier-kauft-die-werkstatt	Automotive			2			3	1			1			7	ja
bab24	Bau	0						1			1			2	ja
Bautreff.de	Bau	0										2		2	ja
my-con.de	Bau	0							2			2		4	nein
Build-online.com	Bau			2			3		2				3	10	ja
EU-supply.com	Bau			2			3		2					7	ja
mybau.com	Bau			2			3			3			3	11	nein
X-Stone.com	Bau	0						1			1			2	nein

Marktplatz/ Portal	Branche	Strat. /technol. Partner & Investoren					Leistungsspektrum						Punkte	Interview
		Anzahl		Bekanntheitsgrad			Anzahl			Qualität				
		0 (1-2)	>2	gering	mittel	hoch	gering	mittel	hoch	gering	mittel	hoch		
click2procure.de	C-Artikel/ MRO	1				3		2				3	9	ja
ipsag.com	C-Artikel/ MRO	1			2				3			3	9	ja
mondus.de	C-Artikel/ MRO		2			3	1				2		8	ja
Emaro.de	C-Artikel/ MRO	1				3		2				3	9	ja
preis24.de	C-Artikel/ MRO		2	1				2			2		7	nein
T-Mart.de	C-Artikel/ MRO	1				3			3			3	10	ja
workXL.de	C-Artikel/ MRO		2	1				2			2		7	ja
Chemconnect.com	Chemie		2			3		2				3	10	ja
cheop.de	Chemie	1			2			2			2		7	nein
materialboerse.de	Elektronik/ Elektrik	0					1			1			2	ja
Free Trade Zone	Elektronik/ Elektrik		2	1				2				3	8	ja
click2asset.de	Elektronik/ Elektrik	1				3		2				3	9	nein
Energy- more.de	Energie	1		1				2			2		6	ja
lpx.de	Energie		2		2			2			2		8	ja
NetStrom.de	Energie	0		1			1						2	ja
glomedix.com	Gesundheitswesen		2	1					3				6	nein
med2med	Gesundheitswesen	0		1			1						2	nein
Medfair.com	Gesundheitswesen	0		1			1						2	nein
Vamedis.de	Gesundheitswesen	0											0	nein
dci.de	IT, Telekommunikation		2			3			3			3	11	ja
Compubizz.com	IT, Telekommunikation		2	1				2			2		7	nein
tel2bmarket.net	IT, Telekommunikation	1		1			1				2		5	nein
Agrenius.de	Land-/ Forstwirtschaft	0		1			1						2	ja
Farmworld	Land-/ Forstwirtschaft		2	1				2					5	ja
holzboerse.de	Land-/ Forstwirtschaft		2		2			2			2		8	ja
Farmking.de	Land-/ Forstwirtschaft		2	1				2			2		7	nein

| Marktplatz/ Portal | Branche | Strat./ technol. Partner & Investoren | | | | | | Leistungsspektrum | | | | | | Punkte | Interview |
| | | Anzahl | | | Bekanntheitsgrad | | | Anzahl | | | Qualität | | | | |
		0	(1-2)	>2	gering	mittel	hoch	gering	mittel	hoch	gering	mittel	hoch		
Farmpartner.com	Land-/ Forstwirtschaft		1		1				2			2		6	nein
benelog.com	Logistik, Transport			2			3	1			1			7	ja
CargEx.de	Logistik, Transport			2		2			2				3	9	ja
Glomap.de	Logistik, Transport		1		1			1			1			4	ja
bestrado.com	Logistik, Transport	0						1			1			2	nein
Interspeed.de	Logistik, Transport	0						1			1			2	nein
LKW Online	Logistik, Transport	0						1			1			2	nein
Teleroute.de	Logistik, Transport	0						1				2		3	nein
cargoclix.com	Logistik, Transport			2		2				3		2		9	ja
bidbizz.com	Maschinen/ Anlagen			2			3			3		2		10	ja
Windpoweronline.com	Maschinen/ Anlagen	0			1					3			3	7	ja
Proxchange.de	Maschinen/ Anlagen			2						3	1			6	nein
Netbid.de	Maschinen/ Anlagen			2		2			2			2		8	ja
surplex.de	Maschinen/ Anlagen			2		2				3		2		9	nein
bcee.de	Maschinen/ Anlagen			2		2		1				2		7	nein
MachineShare.de	Maschinen/ Anlagen			2		2			2		1			7	nein
Allocation.net	Metall			2			3			3		2		10	ja
stahlweb.com	Metall	0						1			1			2	ja
Metalauctions.com	Metall	0								3			3	6	nein
matinet.de	Metall	0						1			1			2	nein

Anhang 3: Fragebogen

Marktplatz: _____

Branche: _____

Branchenausrichtung: vertikal   horizontal

                               ☐   ☐

Transaktionsmodelle: buyer-driven   neutral   seller-driven

                              ☐   ☐   ☐

Firma: _____

Sitz: _____

Online seit: _____

Name des Befragten: _____

Position: _____

Tel.: _____

Email: _____

HINWEISE:

- Der Fragebogen bleibt Eigentum von Thilo Mann und wird nach Abschluß der Studie vernichtet.
- Möglicherweise wird in diesem Fragebogen auf Informationen eingegangen, die auf Ihrer Plattform leicht zu finden sind. Dies ist nötig, um eine objektive Vergleichbarkeit aller untersuchten Marktplätze zu gewährleisten.

---

1. Konzentriert sich ihre Firma nur auf diesen Marktplatz oder gibt es noch andere Bereiche? Welche?

---

2. Wieviele Mitarbeiter sind insgesamt mit dem Marktplatz beschäftigt?

---

3. Wie hoch ist die Anzahl der Käufer und Verkäufer?

---

4. Wie hoch ist das Verhältnis Käufer zu Verkäufer?

5. Welche besonderen Funktionen/ Eigenschaften bzw. Services zeichnen Ihren Marktplatz besonders aus (USP)?

6. Welcher Bereich ihres Leistungsspektrums wird am meisten nachgefragt ?

7. Wie hoch war das Transaktionsvolumen/ Anzahl gehandelter Einheiten/ Anzahl Transaktionen ihres Marktplatzes im 1. Halbjahr 2001?

Wert Transaktionsvolumen:_____

Anzahl der gehandelten Einheiten:_____

Anzahl der Transaktionen:_____

8. Wie setzten sich ihre Kunden größtenteils zusammen (Branchenführer, Unternehmensgröße, Region..)?

9. Wie hoch war ihr Umsatz im 2. Halbjahr 2000?

10. Wie hoch war ihr Umsatz im 1. Halbjahr 2001?

11. Wie ist ihre Umsatzprogose für das Jahr 2001?

12. Wann wird ihr Marktplatz voraussichlich die Gewinnzone erreichen?

13. Werden Sie Ihr Leistungsspektrum in nächster Zeit erweitern? Inwiefern?

14. Was sind ihrer Meinung nach Schlüsselfaktoren, um das Vertrauen des Kunden zu gewinnen?

15. Nach Expertenmeinung werden langfristig in jeder Branche nur 2-3 Marktplätze überleben. Was braucht ein Marktplatz zum überleben?

DATUM:_____   ZEIT:_____

Anhang 4: Gründe für das Ausscheiden aus dem ersten Auswahlverfahren

Branche	Probanden	Webadresse nicht vorhanden	Passwort	Kontaktadresse	Kein Zugang (gesamt)	Kein Zugang (gesamt in %)
Energie	4	0	0	0	0	0,0%
Chemie	6	0	0	0	0	0,0%
Elektronik/ Elektrik	6	1	0	0	1	16,7%
IT/ Telekommunikation	9	0	0	2	2	22,2%
Automotive	9	0	1	0	1	11,1%
Land-/ Forstwirtschaft	10	1	0	0	1	10,0%
Metall	10	2	0	0	2	20,0%
C-Artikel/ MRO	11	0	0	0	0	0,0%
Logistik/ Transport	14	1	0	0	1	7,1%
Gesundheitswesen	15	2	0	0	2	13,3%
Bau	16	0	0	0	0	0,0%
Maschinen/ Anlagen	17	3	0	0	3	17,6%
Allgemeine Beschaffung	20	1	2	0	3	15,0%
SUMME	**147**	**11**	**3**	**2**	**16**	**10,9%**

Anhang 4a: Ursachen für fehlenden Zugang auf die Plattformen

Branche	Probanden	Portal	Reiner E-Verkauf/ E-Beschaffung	Sonstiges	Kein richtiger Marktplatz (gesamt)	Kein richtiger Marktplatz (gesamt in %)
Energie	4	0	0	0	0	0,0%
Chemie	6	0	2	0	2	33,3%
Elektronik/ Elektrik	6	0	0	1	1	16,7%
IT/ Telekommunikation	9	0	1	0	1	11,1%
Automotive	9	0	1	0	1	11,1%
Land-/ Forstwirtschaft	10	0	0	0	0	0,0%
Metall	10	0	0	0	0	0,0%
C-Artikel/ MRO	11	1	3	0	4	36,3%
Logistik/ Transport	14	0	0	0	0	0,0%
Gesundheitswesen	15	1	0	0	1	6,7%
Bau	16	2	0	0	2	12,5%
Maschinen/ Anlagen	17	0	2	0	2	11,8%
Allgemeine Beschaffung	20	0	0	1	1	5,0%
SUMME	**147**	**4**	**9**	**2**	**15**	**10,2%**

Anhang 4b: Nicht als Marktplatz gewerteten Plattformen

Branche	Probanden	Derzeit er-kennbar im Aufbau	nicht seit mind. 01.01.2001 online (Ge-samt)	nicht seit mind. 01.01.2001 onli-ne (Gesamt in %)
Energie	4	0	0	0,0%
Chemie	6	0	1	16,7%
Elektronik/ Elektrik	6	0	0	0,0%
IT/ Telekommunikation	9	0	0	0,0%
Automotive	9	0	0	0,0%
Land-/ Forstwirtschaft	10	1	3	30,0%
Metall	10	2	3	30,0%
C-Artikel/ MRO	11	0	0	0,0%
Logistik/ Transport	14	1	3	21,4%
Gesundheitswesen	15	4	4	26,7%
Bau	16	0	3	18,8%
Maschinen/ Anlagen	17	2	4	23,5%
Allgemeine Beschaffung	20	1	2	10,0%
SUMME	**147**	**11**	**23**	**15,6%**

Anhang 4c: Marktplätze, die erst nach dem 01.01.01 online gegangen sind

Anhang 5: Vergleichende Übersicht der dargestellten E-Markets

Marktplatz	Branche	Ausrichtung	Betreibermodell	Investoren	Partner	Leistungsprofil	Anzahl reg. Teilnehmer	Transaktionsvolumen 1. Halbjahr 2001	Anzahl Transaktionen	Umsatz 2001 1. Halbjahr 2001	Break-Even-Point
Atradapro	Allg. Beschaffung	horizontal	neutral	-	++	++	105000	17 Mio. €	21000	k. A.	2003
Newtron	Allg. Beschaffung	beides	neutral	-	+++	+++	21000	k. A.	4700	k. A.	k. A.
Quibiq	Allg. Beschaffung	horizontal	neutral	+++	++	++	k. A.	1,3 Mio €	10000	1,55 Mio. €	Ende 2002
Emaro	C-Artikel/ MRO	horizontal	neutral	+++	+++	+++	30000	60 Mio. €	18000	k. A.	2003
IPS	C-Artikel/ MRO	horizontal	neutral	++	++	+++	2600	6,5 Mio €	24000	8,5 Mio €	Ende 2002
Mondus	C-Artikel/ MRO	horizontal	buyer-driven		+	++	170000	k. A.	k. A.	0,375 Mio. €	überschritten
Serveline	Automotive	vertikal	neutral	+++	+	++	2800	350 Mio. €	k. A.	k. A.	Anfang 2002
Teccom	Automotive	vertikal	seller-driven	+++	++	+	600	k. A.	300000	k. A.	2002
Eu-Supply	Bau	vertikal	neutral	+++	+++	+++	30000	100 Mio. €	250	k. A.	k. A.
MyBau	Bau	vertikal	buyer-driven	+++	++	+	126000	1,6 Milliarden $	k. A.	k. A.	2001/ 2002
Chemconnect	Chemie	vertikal	buyer-driven	++	+++	+++	59000	425 Mio. $	13000	3 Mio. €	2002
Free Trade Zone	Elektronik/ Elektrik	vertikal	neutral		++	++	25000	140 Mio. €	k. A.	k. A.	k. A.
Webtradecenter	IT/ Telekommunikation	vertikal	neutral	++	++	+++	8000	k. A.	k. A.	k. A.	überschritten
Netbid	Maschinen/ Anlagen	horizontal	neutral		+++	++	280	50 Mio. €	150	k. A.	Ende 2002
Surplex	Maschinen/ Anlagen	horizontal	buyer-driven	+	++	++	2400	k. A.	k. A.	k. A.	überschritten
Windpoweronline	Maschinen/ Anlagen	horizontal	neutral			+++	k. A.	k. A.	k. A.	k. A.	k. A.
Allocation.net	Metall	vertikal	neutral	+++	+	+	4850	k. A.	2500	k. A.	überschritten
Metalauctions.com	Metall	vertikal	neutral	++		++	2000	2,5 Mio €	k. A.	<500000 €	k. A.
Benelog	Logistik/ Transport	horizontal	neutral		++	++	2000	k. A.	k. A.	k. A.	Ende 2002
Cargex	Logistik/ Transport	horizontal	neutral	+++	+++	+++	k. A.	k. A.	k. A.	k. A.	überschritten
Cargodix	Logistik/ Transport	horizontal	neutral	++	++	++	k. A.	k. A.	k. A.	k. A.	k. A.
energy & more	Energie	horizontal	neutral		+	+	2000	k. A.	k. A.	k. A.	überschritten
LPX	Energie	horizontal	neutral	+++	++	++	2000	47,3 Mio. €	k. A.	160 Mio. €	2003
Holzboerse	Land-/ und Forstwirtschaft	vertikal	neutral	+	+	+	1000	k. A.	k. A.	k. A.	2003/ 2004

LITERATURVERZEICHNIS

Die Zitierweise im Text erfolgt mit einem Kurztitel, der im Literaturverzeichnis durch Unterstreichung gekennzeichnet ist.

Böhm, Andreas/ Felt, Elisabeth: E-Commerce kompakt, Heidelberg/ Berlin: Spektrum 2001, S. 2 - 63

Buchholz, Wolfgang: Netsourcing business models, online im Internet: URL: http://www.competence-site.de, text_buchholz_eic-partner.pdf, S. 38 – 51, [Stand: 26.08.2001]

Butscher, Stephan A./ Krohn, Felix: Internet Marktplätze, Eine Systematik zur Bewertung von Internet Marktplätzen, 2000, online im Internet: URL: http://www.simon-kucher.com/Internetdatabase/publication.nst [Stand: 27.08.2001]

Fichtel, Helga: Integra erwartet Boom der Online Marktplätze, 19.10.2000, online im Internet: URL: http://www.cybiz.de [Stand: 17.07.2001]

Forthmann, Jörg: Gütesiegel kontra Akzeptanz, online im Internet: URL: http://www.marketingmarktplatz.de/eBusiness/Guetesiegel.htm [Stand: 28.08.2001]

Forthmann, Jörg: Marktplätze im Internet: Das große Sterben beginnt 2005, Hamburg 01.02.2001, Online im Internet: URL: http://www.mummert.de/deutsch/press/a_press_info/010102.htm [Stand: 27.08.2001]

Fricke, Markus: B2B-Marktplätze – Grundlagen, Architekturen und Geschäftsmodelle, online im Internet: URL: http://www.uni-frankfurt.de/IWI, EM_Si_Fricke.pdf [Stand: 04.09.2001]

Grosche, Burkard/ Sander Jörg: E-Markets: Neue Instrumente der Beschaffungsstrategie, in: Diebold Management Report, Nr. 11/ 12 2000, S. 3 - 7

Hämmerling, Anette: E-Markets auf dem Prüfstand, in: Cybiz, Ausgabe 6 2001, S. 16 - 18

Honsel, Gregor: Spezial: B2B-Marktplätze, Erfolgsfaktoren: Mehrwert wichtiger als Markt, 29.11.2000, online im Internet: URL: http://www.wiwo.de [Stand: 20.07.2001]

Honsel, Gregor: Spezial: B2B-Marktplätze, Geschäftsprozesse: Netz ohne Nähte, 29.11.2000, online im Internet: URL: http://www.wiwo.de [Stand: 20.07.2001]

Honsel, Gregor: Spezial: B2B-Marktplätze, Preisfindung: Versteigern vorwärts und rückwärts, Wirtschaftswoche 29.11.2000, online im Internet: URL: http://www.wiwo.de [Stand: 20.07.2001]

Honsel, Gregor: B2B-Marktplätze, Segmente: welcher Markt für wen? 29.11.2000, online im Internet: URL: http://www.wiwo.de [Stand: 20.07.2001]

Iksal, Carola/ Gassner, Michael: Prognosen, Potenziale und Typen von Online-Marktplätzen, in: Nenninger, M./ Lawrenz, Oliver (HRSG): B2B-Erfolg durch eMarkets, Best Practice: Von der Beschaffung über eProcurement zum Net Market Maker, Braunschweig/ Wiesbaden: Vieweg 2001, S. 43 – 58

Kaplan, Steven/ Sawhney, Mohanbir: B2B E-Commerce-Marktplätze: Ansätze für eine systematische Einordnung von Business Modellen, online im Internet: URL: http://www.infy.com/infocus/interedition_Vol1 /german/eCommerce.htm [Stand: 07.09.2001]

Kerrygan, Ryan/ Roegner, Eric V./ Swinford, Dennis D.: B2B Basics, in: The McKinsey Quarterly 2001 Nr. 1, online im Internet: URL: http://www.mckinsey-quarterly.com, S. 45 – 53 [Stand: 18.07.01]

Kluge, Ben/ Pohl, Alexander: Innovative Business und Revenue Modelle im E-Business, online im Internet: URL: http://www.innovation-aktuell.de kvl1203.htm [Stand: 23.10.2001]

Kirch, Wieland: Gewinnung von Sicherheit durch den durch WebTrust Zertifizierungsprozess, 10/ 2000,online im Internet: URL: http://www.competence-site.de, webtrust_deloitte.pdf [Stand: 26.09.2001]

Lawrenz, Oliver/ Possekel, Marc/ Vidosevic, Miro: eServices als kritischer Erfolgsfaktor für eMarkets, in: Nenninger, M./ Lawrenz, Oliver (HRSG): B2B-Erfolg durch eMarkets, Best Practice: Von der Beschaffung über eProcurement zum Net Market Maker, Braunschweig/ Wiesbaden: Vieweg 2001, S. 201 - 206

Lüninck, Joachim, Frhr. v.: Elektronische Marktplätze, online im Internet: URL: http://www.competence-site.de, Elektronische_Marktplätze.pdf [Stand: 21.09.2001]

Mueller, Wolfram/ Windhaus, Marcus: Reverse Auctions gelangen im Unternehmenseinkauf zur Reife, in: Nenninger, M./ Lawrenz, Oliver (HRSG): B2B-Erfolg durch eMarkets, Best Practice: Von der Beschaffung über eProcurement zum Net Market Maker, Braunschweig/ Wiesbaden: Vieweg 2001, S. 131 - 152

Nenninger, Michael/ Lawrenz, Oliver: Von eProcurement zu eMarkets – eine Einführung, in: Nenninger, M./ Lawrenz, Oliver (HRSG): B2B-Erfolg durch eMarkets, Best Practice: Von der Beschaffung über eProcurement zum Net Market Maker, Braunschweig/ Wiesbaden: Vieweg 2001, S. 1 – 42

o. V.: B2B-Marktplatzdatenbank, online im Internet: URL: http://www.berlecon.de [Stand: 13.07.2001]

o. V.: B2B-Marktplätze in Deutschland – Leseprobe, Berlecon Research, online im Internet: URL: http://www.berlecon.de/studien/b2b2/ lesepro-be.html [Stand: 13.07.2001]

o. V.: E-Business weckt Beratungsbedarf, in: FAZ, 08.05.2001, Nr. 106, S. 29

o. V.: Bonitrus TrustVision, online im Internet: URL: http://www.bonitrus.com/konzept_index_de.asp [Stand: 26.09.2001]

o. V.: Vor dem Erfolg im E-Business steht harte Arbeit, in: FAZ: 07.06.2001, Nr. 130, S. 30

o. V.: Die Konsolidierung unter den Internet-Marktplätzen hat bereits be-gonnen, in: FAZ, 07.09.2000, Nr. 208, S. 29

o. V.: Der reine Marktplatzbetrieb ist selten profitabel, in: Handelsblatt, 19.05.2001, online im Internet: URL: http://www.handelsblatt.com [Stand: 17.07.2001]

o. V.: Nutzenpotenziale, online im Internet: URL: http://www.ebusinessmanager.de/ecommerce_nutzen.htm [Stand: 19.09.2001]

o. V.: Zwischenbetriebliche Kooperationen und elektronische Märkte, in: FAZ, 26.03.2001, Nr. 72, S. 32

o. V.: XML ist noch kein Ersatz für EDI, in: FAZ, 19.04.2001, Nr. 91, S. 30

Ramsdell, Glenn: The real business of B2B, in: The McKinsey Quarterly, 2000, Ausgabe 3, online im Internet: URL: http://www.mckinsey-quarterly.com, S. 174 – 184 [Stand: 18.07.01]

Rüther, Michael/ Szegunis, Jörn: Einführung Elektronische Marktplätze, online im Internet: URL: http://www.competence-site.de, grundlagen.pdf [Stand: 07.09.2001]

Rüther, Michael/ Szegunis, Jörn: Erfolgsfaktoren elektronischer B2B-Marktplätze, online im Internet: URL: http://www.competence-site.de, erfolgsfaktoren.pdf [Stand: 04.09.2001]

Rüther, Michael/ Szegunis, Jörn: Horizontale und vertikale B2B-E-Markets, online im Internet: URL: http://www.competence-site.de, einführung.pdf [Stand: 07.09.2001]

Schmittzehe, Tom: B2B-Platforms – Market Report, Juli 2000, online im Internet: URL: http://www.rolandberger.de, InternalPaper_B2B_ Platt-forms_2000_engl.pdf [Stand: 04.09.2001]

Simon, Rainer: Neue Wege in der Beschaffung, in: Cybiz, Ausgabe 9 2000, S. 9 –16

Spierling, Detlev: Babylon lässt grüßen, in: Cybiz, Ausgabe 6 2001, S. 24 – 28

Spiller, Dorit: Service am Handelsplatz bestimmt den Erfolg, online im Internet: URL: http://www.vdi-nachrichten.com [27.08.2001]

Weiber, Rolf: Internet-Ökonomie (8), In der elektronischen Beschaffung liegt der Gewinn, in: FAZ, 21.12.2000, Nr. 297, S. 31

Weller, Todd C.: BtoB eCommerce – The Rise of eMarketplaces, 2000, online im Internet: URL: http://www.competence-site.de, leggmason_ b2becommerce.pdf [Stand: 23.10.2001]

Wörtler, Martin/ Rasch, Stefan: Rennsaison: B2B-E-Commerce in Deutschland, München, August 2000.